무조건 하면된다
아줌마 영어회화 첫걸음

초판 27쇄 인쇄 2024년 7월 05일
초판 27쇄 발행 2024년 7월 17일

지은이 Gina Kim
해설강의 Sarah Han
추천 김미화(방송인)
펴낸이 고정호
펴낸곳 베이직북스
주소 서울시 금천구 가산디지털1로 16, SK V1 AP타워 1221호
전화 02) 2678-0455
팩스 02) 2678-0454
이메일 basicbooks1@hanmail.net
홈페이지 www.basicbooks.co.kr
블로그 blog.naver.com/basicbooks_
인스타그램 www.instagram.com/basicbooks_kidsfriends
출판등록 제 2021-000087호
ISBN 978-89-93279-09-2   13740

＊ 가격은 뒤표지에 있습니다.
＊ 잘못된 책이나 파본은 구입처에서 교환하여 드립니다.

무조건 하면된다!
아줌마 영어회화 첫걸음

Gina Kim 지음

베이직북스

줌마렐라를 위한 영어회화 첫걸음

요즘 대한민국도 아줌마나 노인들을 대상으로 하는 생활 및 건강 관련 복지사업의 영역이 확대되고 있으며, 각종 문화 및 교양 강좌라는 명목으로 사회교육원(대학교), 문화교실(시, 구청), 백화점 등의 문화센터에서 적극적으로 문화 활동을 지원하고 있는 추세입니다.

이런 현상들은 결국 여성들에게 그만큼 현실 참여의 기회가 늘어났다는 반증이며, 또한 자녀교육, 선거, 공청회, 지역개발 등에 있어서 아줌마들이 의사결정의 주체자로서 캐스팅보트(casting vote)를 행사하고 있다는 뜻일 겁니다.

지금까지 아줌마는 본의 아니게 사회적 홀대를 받아왔었지만 현대 사회에서의 아줌마는 경제의 주체로서 확고한 지위를 누림과 동시에 권리를 행사하고 있답니다.

아줌마의 전성시대; 영어로 승부하자

이 땅의 아줌마들은 가정이란 울타리 속에선 비록 살림 10단, 요리 7단, 빨래 5단, 잔소리 3단이지만 적어도 사회에서는 무시당하기 십상입니다. 그러므로 영어 실력을 키워 주부로서 당당하게 아이들이나 남편, 그리고 세상과 맞장을 뜨길 바랍니다.

따라서 아줌마의 품격이나 능력을 보장할 수 있는 영어회화 강좌야 말로 관심사가 아닐 수 없습니다. 〈무조건 하면된다〉라는 신념과 용기로 영어회화와 승부를 겨룬다면 가정은 물론 세계를 경영하는 주체로 우뚝 설 수 있을 것입니다.

흔히 아줌마들은 영어회화에 미리 주눅 드는 경우가 있는데 아마도 가장 큰 이유는 다름이 아니라 자신감이나 용기가 부족해서일 겁니다. 결코 영어회화와 관련된 발음, 단어, 문법, 관용표현 등과 같은 실력 문제가 아님을 명심하시길 바랍니다.

이 책에는 중학 수준의 영어지식만 갖추어도 충분히 소화할 수 있도록 배려하였으니 기초적인 표현은 외우고 익혀서 반드시 자기화하는 것이 중요합니다. 눈과 입, 귀를 통하여 반복적으로 숙달하다보면 자신도 모르게 저절로 입에서 영어표현이 튀어나오게 될 겁니다.

바야흐로 지금은 아줌마의 전성시대; 영어로 승부합시다.

첫째, 아이들에게 영어실력으로 인정받고 자존심을 세우자.

둘째, 남편에게 무시당하지 말고 네이티브에게 딴지를 걸자.

셋째, 세상에 무릎 꿇지 말고 위풍당당해지자.

대한민국을 위기에서 건져낼 아줌마들이여, 당신의 능력을 보여주세요!

이제 줌마렐라들이여, 스스로 가정의 속박에 묶여 살림이나 책임져야 하는 구시대적 발상에서 벗어나야만 합니다. 가정에서는 적어도 가정 경제를 관리하고 운영하는 주체자임과 동시에 살림을 도맡아야 하는 숙명에도 불구하고 사회에 진출하여 경제활동까지 겸하는 슈퍼우먼 아줌마가 허다합니다.

필자가 이 책을 집필하게 된 동기는 사회가 발달하면 할수록 가정에서나 사회에서 아줌마의 역할이 중요하므로 여성의 능력이나 안목을 확장할 때 비로소 세계화나 글로벌 경쟁시대에 대응하는 주체자로 자리매김을 할 수 있다는 절박한 심정에서 기획하게 되었습니다.

특히 자녀교육에 있어서 엄마로서의 역할은 무엇보다 중요합니다. 최근 해외여행이나 유학생이 급증하고 있는 시점에 즈음하여 영어의 활용가치나 필요성은 굳이 강조하지 않더라도 충분히 공감할 것으로 봅니다.

교육부에서는 외고를 비롯하여 특수목적고나 영어마을이 조성되어 영어 학습에 한 몫을 하고 있습니다만 하루빨리 국내에서도 영어학습 전문 프로그램이 제공되어 영어의 4기능에 적합하면서도 효율적인 영어교육 패러다임이 정립되었으면 합니다.

줌마렐라들이여, 가정이란 속박에서 해방하여 위풍당당하게 사회의 일원으로서가 아닌 사회의 주체자로서 아줌마 혼자 영어실력으로 우뚝 서는 그날까지 최선을 다합시다.

You Can Do it. Way to go!

2015년 10월 25일
LA에서 Gina Kim 드림

아줌마의 warming up 5단계

aZumma, never mind!
아줌마들이여, 걱정은 붙들어 매셔? 무조건 따라하다 보면 저절로 영어회화가 됩니다.
이 책에 제공된 영어회화 기초표현은 이미 아줌마들이 배웠던 표현들이므로 그다지 염려할 필요가 없습니다. 오히려 영어회화를 만만하게 생각하면 다소 쉽게 느껴질 겁니다. 서양인들이 구사하는 영어발음이나 어법도 마찬가지입니다. 처음부터 혀를 꼬부라지게 발음하기보다 어느 정도 익숙해질 때 자연스럽게 네이티브처럼 구사하길 바랍니다.

Step 1. 본토발음 익히기
영어발음에 살짝 느끼함이 묻어나도록 살짝 버터를 발라주면 됩니다. 그냥 네이티브 발음을 흉내를 내기만 하면 됩니다. 아줌마식 발음으로 무장하는 것도 좋은 방법이지만 용감무쌍하게 무조건 따라하는 것도 좋은 방법이 됩니다.
발음은 틀리더라도 크고, 또렷하고, 확실하게!!!

Step 2. 영단어 암기하기
영단어는 억지로 외우려고 하지 말고 알고 있는 표현을 다시 확인한다는 생각으로 되짚어보길 바랍니다. 특히 영어문장의 표현 속에서 영단어의 쓰임새가 중요합니다. 그래야 오래 기억되고, 또한 표현이 익혀지게 됩니다. 암기력에 대한 부담감을 떨쳐 버리고 표현 위주로 익혀나가길 바랍니다.

Step 3. 영어 어순 적응하기
영어에서 가장 어려운 점이 바로 우리말과 어순에서 차이가 난다는 점입니다. 이것이 어법의 핵심인데 아줌마가 일상생활에서 구사하는 표현은 의사소통이 주된 목적이기 때문에 문장의 중심어 위주로 표현해 봅시다. 아줌마 영어라고 영문법을 무시하는 건 결코 아닙니다.

Step 4. 일상생활 체험하기
아줌마처럼 필요성에 의해 영어회화를 구사하다 보면 학습효과가 몇 배로 증가하게 됩니다. 자주 반복적으로 여러 번 활용하다 보면 나도 모르게 실력이 쌓이게 마련입니다. 영어회화도 결국 자기와의 싸움이므로 없는 시간을 쪼개어 열심히 하다보면 귀가 뚫리고, 말문이 열리게 될 겁니다.

Step 5. 관용표현 체험하기
아줌마에게 관용표현이 쥐약이나 마찬가지인데 그냥 상황을 유추하여 일단은 무조건 암기하고 봅시다. 이러한 관용표현은 그들의 언어습관에 기인된 것이므로 쓰임새나 그런 표현의 유래된 근원을 이해하면 의외로 쉽게 익혀집니다.

Contents

PART 1 즉석에서 활용할 수 있는 상황별 영어회화

1. 인사할 때	16
2. 상대방을 부를 때	20
3. 소개할 때	23
4. 작별할 때	27
5. 축하할 때	30
6. 감사할 때	34
7. 사과 · 용서를 구할 때	37
8. 위로와 격려를 할 때	42
9. 칭찬을 할 때	45
10. 화제를 바꿀 때	48
11. 인물을 묘사할 때	51
12. 기쁨을 표시할 때	55
13. 재미 · 흥미가 있을 때	59
14. 감동할 때	63
15. 놀라움을 나타낼 때	65
16. 관심을 피력할 때	67
17. 호감을 나타낼 때	70
18. 행운을 빌 때	72
19. 만족할 때	75
20. 자만할 때	77
21. 안심할 때	79
22. 간절할 때	81
23. 바람 · 소망을 나타낼 때	83
24. 동의 · 동감할 때	85

25. 부정 · 부인할 때	89
26. 부탁 · 의뢰할 때	91
27. 질문을 할 때	94
28. 반문 · 되묻기를 할 때	98
29. 예정 · 계획을 말할 때	102
30. 제안 · 권유할 때	105
31. 허가 · 허락을 구할 때	109
32. 사정 · 약속을 문의할 때	113
33. 금지 · 반대를 할 때	114
34. 판단 · 결심이 서지 않을 때	118
35. 견해를 피력할 때	121
36. 도움을 요청할 때	125
37. 권고 · 충고를 할 때	128
38. 수락 · 결정할 때	130
39. 주의를 요청할 때	133
40. 양해를 구할 때	135
41. 낙담 · 실망할 때	136
42. 불평 · 불만을 토로할 때	141
43. 피곤할 때	143
44. 후회할 때	145
45. 불쾌할 때	148
46. 오해를 했을 때	151
47. 싫증 · 지루할 때	153
48. 화를 낼 때	155
49. 두려워할 때	158
50. 걱정 · 염려할 때	160
51. 의심할 때	162
52. 곤란할 때	165
53. 싫어할 때	168
54. 부끄러워할 때	171
55. 위로 · 동정을 할 때	174
56. 슬픔 · 고통을 피력할 때	177
57. 질투 · 시기할 때	180

 **아줌마가 꼭 익혀야 할 일상생활 영어표현**

Chapter 1. 하루를 시작하는 영어표현

    1. Get up! 일어나!   185
    2. Sleep well? 잘 잤니?   186
    3. How are you? 기분 어때?   187
    4. Go wash up! 씻어!   188
    5. Get dressed! 옷 입어!   189
    6. Breakfast is ready! 아침식사해라!   190
    7. Time to go! (학교) 갈 시간이야!   191
    8. Have everything? 다 챙겼니?   192
    9. For your teacher. 선생님 갖다드려.   193
    10. Take care! 조심해!   194
    11. Take an umbrella! 우산 가져가!   195
    12. Have a nice day! 즐겁게 지내!   196
    13. See you later! 다녀와라!   197

Chapter 2. 오후에 사용할 수 있는 영어표현

    1. You're home! 어서 와라!   199
    2. How was school today? 오늘 학교 어땠어?   200
    3. Are you tired? 피곤하니?   201
    4. Are you hungry? 배고프니?   202
    5. Want a drink? 음료수 좀 먹을래?   203
    6. Any homework? 숙제는(있니)?   204
    7. Practice! 연습해라!   205
    8. Let's go shopping! 쇼핑 갈래?   206
    9. Are you coming? 너도 갈래?   207
    10. Do you want this? 이거 먹을래?   208
    11. Where are you going? 어딜 가니?   209

Chapter 3. 먹고 놀 때의 표현

    1. Do you want a snack? 과자 먹을래?   211

2. Here's a snack. 여기 과자다. 212
3. Come on, wash up! 씻고 와라! 213
4. Do you want anything? 뭘 원하니? 214
5. Do you want to play a game? 게임하고 싶니? 215
6. What are you doing? 도대체 무슨 일이야? 216
7. Go and play! 나가 놀아라! 217
8. Don't go out! 밖에 나가지 마라! 218
9. Just walk. 그냥 걸어가자. 219
10. Watch out for cars! 차 조심해라! 220
11. Ask her over. (여자) 친구 불러! 221
12. Who are you playing with? 누구랑 놀거니? 222
13. Get ready to go. 갈 준비됐니? 223

Chapter 4. 오후에서 잠잘 때까지

1. Take a bath. 목욕해라. 225
2. Wash your hair. 머리를 감아라. 226
3. Dry off well. (수건으로) 잘 말려라. 227
4. Want to see a video? 비디오 볼래? 228
5. Let's read. 책을 읽자. 229
6. Put on your pajamas. 잠옷을 입어라. 230
7. Time for bed. 잘 시간이야. 231
8. Go to bed. 가서 자. 232
9. Use the bathroom. 화장실 다녀와. 233
10. Brush your teeth. 이를 닦아라. 234
11. You want a quilt? 이불 줄까? 235
12. No talking! 그만 떠들어! 236
13. Aren't you sleepy? 졸리지 않니? 237
14. Lights off! 불 꺼라! 238

Chapter 5. 식사를 할 때

1. What's for dinner? 저녁은 뭘 먹을래? 240
2. Do you want a taste? 맛 볼래? 241
3. Please set the table! 식사준비 좀 해줄래? 242
4. Sit down. 앉으렴. 243

5. Let's eat! 자, 먹자. 244
6. Something to drink? 뭐 좀 마실래? 245
7. Eat some more. 좀 더 먹어. 246
8. Eat it up! 전부 다 먹어! 247
9. Want some dessert? 디저트 먹을래? 248
10. Are you full? 배불러? 249
11. Don't eat too much! 과식하지 마! 250
12. Don't eat and talk! 먹으면서 얘기하지 마! 251
13. Don't leave the table. 먹을 땐 움직이지 마. 252
14. Pass me the jam. 잼을 건네줘. 253

Chapter 6. 공부를 할 때

1. Think carefully. 잘 생각해봐. 255
2. Don't hurry! 서두르지 마! 256
3. Check your answer. 답을 확인해라. 257
4. This is wrong. 여기 틀렸어. 258
5. This is easy. 이건 간단해. 259
6. Good job! 잘 했구나! 260
7. Finished? 끝났어? 261
8. Need some help? 뭘 도와줄까? 262
9. Try again! 다시 해봐! 263

Chapter 7. 명령이나 주의를 줄 때

1. Don't fight! 싸우지 마! 265
2. Behave! 예의바르게 행동해! 266
3. Be quiet! 조용히 해! 267
4. Be still! 조용히 있어! 268
5. Stop it! 그만둬라! 269
6. Don't talk back! 말대답하지 마! 270
7. Don't be mean! 심술부리지 마! 271
8. Listen (carefully)! 들어봐! 272
9. Tidy up! 정리해라! 273
10. Don't be late! 늦지 마! 274
11. Stop watching TV! TV 좀 그만 봐라! 275

 **아줌마와 함께 하는 지구촌 여행영어**

Chapter 1. 여행영어 워밍업
   1. 해외에서의 표시·게시 용어   279
   2. 각종 숫자 및 사이즈 용어   281
   3. 자주 사용되는 기본 표현   285

Chapter 2. 공항과 탑승
   1. 공항에서의 기본 사항   297
   2. 기내에서의 관련 표현   300
   3. 마실 것을 요청할 때   302
   4. 조금 더 원할 때   303
   5. 뭔가를 부탁할 때   304

Chapter 3. 입국심사와 세관검사
   1. 입국수속을 할 때   306
   2. 세관검사를 할 때   309

Chapter 4. 교통수단
   1. 대중교통을 이용할 때   314
   2. 렌터카나 자가용을 이용할 때   316
   3. 주유소에 들렀을 때   318
   4. 긴급사항이 발생했을 때   319

Chapter 5. 호텔
   1. 방을 예약할 때   322
   2. 호텔 내의 장소를 물을 때   324
   3. 룸서비스를 부탁할 때   326
   4. 체크아웃을 할 때   328
   5. 미용실 서비스   330

Chapter 6. 쇼핑
    1. 쇼핑을 할 때   333
    2. 점원과의 기초적인 대화   335
    3. 필름과 사진   340

Chapter 7. 레스토랑
    1. 예약을 할 때   343
    2. 메뉴를 고를 때   345
    3. 주문할 때   348

Chapter 8. 응급상황
    1. 응급상황일 때   353
    2. 도난을 당했을 때   356
    3. 길을 잃었을 때   358

Chapter 9. 전화
    1. 전화를 걸 때   362
    2. 교환이 자주 쓰는 표현   365
    3. 전화를 받을 때   367

Chapter 10. 우체국
    1. 우편에 관한 표현   370
    2. 우편물을 보낼 때   372

특별부록   374

무조건 따라하면 영어회화가 된다

여러분이 일상생활에서 활용이 용이하고, 또한 언제 어디서나 편리하게 사용할 수 있는 기본적이면서도 핵심 표현만을 엄선하였으므로 MP3에 의한 유도에 따라 될 수 있는대로 크게 따라하되 발음에 중점을 두길 바랍니다. 아줌마에겐 유식함을 드러내기 보담 용감무쌍함이 백배천배 더 좋은 무기로 작용될 때가 많습니다. 용감하면 무식함이 다소 커버되기 때문입니다.

목소리도 당당하고 크게… 그러나 실수를 하였거나 동정심을 유발할 땐 연약하고 가녀린 척, 아줌마의 본모습(?)을 의도적으로 맘껏 발산해 봅시다.

즉석에서 활용할 수 있는
상황별 영어회화

Unit 01

인사할 때

아줌마의 애교는 무죄? 교양과 상식, 그리고 영어회화까지 덩달아 업그레이드 인사만 잘 해도 아줌마의 품격도 댓방 살쥐~

Note

상대방에게 미소를 한방 때리고, 손인사 한번 날리면서 Hi![하이~], Hey![헤이~], Hello![헬로우~] 혹은 How are you?[하- 아 유~]라고 일단 느끼함이 묻어나도록 끝음을 끌어주어도 무방합니다. 그렇다고 절대로 강하게 발음하면 안 됩니다.
상대방을 부르거나 친한 사이일 경우, 인사말 뒤에 <이름>이나 <애칭>을 덧붙여주면 친근감을 곱빼기로 전할 수 있습니다. 어느 정도 격식을 갖출 경우에는 How are you doing? / How's it going? / How's your family? / How are you today? 따위를 사용하면 된답니다.

일반적으로 안면이 없거나 윗사람인 남자에게는 문미에 Good morning, sir.와 같이 표현하며, 여자에게는 Good morning, ma'am과 같이 사용하면 되는데 편지와 같은 문어체에서의 인사말인 Dear. / Sir라는 표현도 함께 알아두도록 하자.

하이 탐   하- 아유
- **Hi, Tom. How are you?**
(안녕, 톰! 기분 어때요?)

*친한 사이에 활용하게 되는 Hi!보다 Hello!가 격식을 차린 표현이다.

굿모닝 탐
- **Good morning, Tom.**
(안녕하세요? 톰.)

*오후에는 Good afternoon., 저녁에는 Good evening., 밤에는 Good night.을 사용해 보자.

(잇쳐)   나이스데이   이즈닛
- **(It's a) Nice day, isn't it?**
(좋은 날씨지, 그렇죠?)

*동양 사람들은 이런 날씨나 식사여부를 묻는 인사가 제격이다.

하아 유 두잉 나우
● How are you doing now?
(요즘 어떻게 지내십니까?)

*근황을 묻는 대표적인 인사법으로 How are you?보다 공손한 표현이다.

하우짓 고잉
● How's it going?
(어떻게 지내세요?)

*동일한 표현으로 What's going on? / What's up? 따위가 사용되며, "만사가 잘 되어갑니까?"라는 인사로써 일이나 업무의 진행 여부를 묻는 표현에도 활용된다. 그밖에도 What's the matter (with you)? / What's the problem (with you)? / What's wrong (with you)? 따위도 표현된다.

하우즈 에브리씽
● How's everything?
(어떻게 지내십니까?)

*How are you getting along? / How's your family? 따위도 동일하게 활용되는 표현이다.

하우즈 유어 비즈니스
● How's your business?
(사업은 어떠세요?)

*How's your new job?(새로 하는 일은 어때요?) / How's your family?(가족들은 잘 계시죠?) 따위도 널리 활용된다.

롱 타임 노- 씨
● Long time no see!
(오래간만이군요!)

*유사한 표현으로 It's been a long time. / How have you been?이 있다.

하우두 유 두 미스터 킴
● How do you do, Mr. Kim?
(김선생, 처음 뵙겠습니다.)

*원래 How are you?도 초면 인사에 활용되었지만 지금은 구면일 경우에도 널리 사용하는 편이다.

나이스 투 밋츄
● Nice to meet you.
(만나서 반갑습니다.)

*How do you do?와 같은 표현으로 Glad to meet you. / Pleased to meet you. 따위로 대체해도 무방하다.

인사의 응답 표현법

♠ 매우 좋을 경우
Great.[그레잇] / Fantastic.[환타스틱] / Very well.[베리 웰] / Pretty good.[프리티 굿]

♠ 단순히 좋다고 할 경우
Fine.[화인] / All right.[올 롸잇] / O.K.[오우케이] / Good.[굿]

♠ 그저 그럴 경우
So-so.[쏘-쏘] / Not (so / too) bad.[낫 (쏘/투) 뱃] / Nothing special. [낫씽 스페셜]

♠ 별로 좋지 않을 경우
Awful.[오플] / Terrible.[테러블] / Very bad.[베리 뱃] / Miserable.[미져러블]

아줌마? Madam[매덤]이라 부른다고 화내지 마세요. 이 말은 Lady[레이디]보다 높여서 부르는 호칭이니까! 누군가 Madam president!라고 하면 '사모님'이라고 부르는 호칭이다.

Part 1. 상황별 영어회화 **19**

Unit 02

상대방을 부를 때

애칭(pet name, nickname)으로 불러주면 외국인은 꺼뻑 넘어갑니다!!!
언제어디서나 호칭만 제대로 알고 사용해도 대접받는다~

Note

평소에 잘 알고 지내는 사람을 부를 경우에는 Hey, 사람이름![헤이~]이라고 하면 되지만 그다지 잘 모르는 경우에는 Hello, ~? / Excuse me, ~! / Pardon me, ~! 따위와 같이 "실례합니다. / 실례하겠습니다."라는 표현을 〈용무〉나 〈용건〉의 앞에 붙여 사용하면 된답니다.

[호칭에 관한 표현법]
- ♠ 웨이터를 부를 때 : Waiter, please?
- ♠ 잠깐 기다려 달라고 할 때 : Hold up, 사람이름. / Wait up! / Just a moment!
- ♠ 불특정한 사람을 부를 때 : Sir, ~. / Ma'am, ~.
- ♠ 모르는 낯선 이를 부를 때 : There!
- ♠ 친숙한 사이에 부를 때 : Come on!

일반적으로 친숙한 사이에는 이름을 위주로 부르게 되며, 보다 더 친숙한 사이에는 우리의 별명처럼 이름에 따른 애칭이 있기 때문에 애칭에 관한 상식도 익혀 두길 바랍니다.

헤이 마이크
- **Hey, Mike!**
(이봐, 마이크!)

익스큐즈 미 미스터 클락
- **Excuse me, Mr. Clark!**
(잠깐만요, 미스터 클라크 씨.)

웨이 럽
- **Wait up!**
(잠깐만요. / 잠시만 기다려 주세요!)

헬로우
- **Hello?**
(여보세요?)

져슷 모먼
- **Just a moment!**
(잠깐만요.)
*가령 Just a second. / Wait a minute. 따위와 동일하게 사용된다.

홀덥 플리즈
- **Hold up, please!**
(잠시만 기다려 주세요!)
*전화상에서 Hold on!, Hang on!(끊지 마세요!)라고 하며, Wait up!과 동일한 표현이다. 이 표현은 강도가 "꼼짝 매!, 손들어!"라고 할 때 사용하므로 사용시 유의해야 한다.

파든 미
- **Pardon me!**
(실례합니다.)
*이 표현은 상황에 따라서 "죄송합니다, 용서해 주세요."라는 뜻으로도 사용되지만 Pardon me?(뭐라고요?)처럼 끝 억양을 올려주면 되묻는 표현으로 사용된다.

대표적인 애칭 표현

[남자]
Andy(Andrew) 앤디(앤드류)
Bob/Bobbie(Robert) 밥/바비(로버트)
Davy(David) 데이비(데이빗)
Dick(Richard) 딕(리챠드)
Ed/Ted(Edward) 에드/테드(에드워드)
Jack(John) 잭(죤)
Jim/Jimmy(James) 짐/지미(제임스)
Mike/Mickey(Michael) 마이크/미키(마이클)
Steve(Stephen) 스티브(스티븐)
Tom/Tommy(Thomas) 탐/토미(토마스)
Bill(William) 빌(윌리엄)

[여자]
Cathy(Catherine) 캐시(캐쓸린)
Chris(Christine) 크리스(크리스틴)
Betty(Elizabeth) 베티(엘리자베스)
Jackie(Jacqueline) 재키(재클린)
Julia/Julie(Juliet) 쥴리아/쥴리(쥴리엣)
Kathy(Katherine) 캐시(캐쓸린)
Maggie(Margaret) 매기(마아그릿)
Sally(Sarah) 쉘리(사라)
Susie(Susan) 수지(수잔)

아줌마, 외국인들의 이름과 성을 구분하기 어렵죠? 그냥 영어의 어순이 우리말과 다른 것처럼 서양인들의 성명도 거꾸로 부르면 된다.
성명(Full name) = 이름(First name, Middle name) + 성(Last name)
이름은 먼저 불러주기 때문에 First name이라고 하는데 Given name, Christian name이라고도 한다. 성은 나중에 부르기 때문에 Last name라고 하는데 Sure name, Family name이라고도 한다. 예를 들면, John Fitzgerald Kennedy에서 John은 이름이며, Fitzgerald는 중간이름이며, Kennedy는 성이다.

Unit 03

소개할 때

서양 사람들도 성차별(sexual discrimination)이 심하다???
아줌마? 잘 생긴 사람, 착한 사람, 잘난 사람 먼저 소개하면 곤란하지~

Note

만남이나 회합의 장소에서 서로 초면(stranger)인 경우에 간단한 인사로는 How do you do?라는 표현을 하고 나면 곧바로 상호간의 소개가 있기 마련인데 이럴 때 먼저 Nice to meet you. / Glad to meet you.라는 인사를 하게 되며, 그 응답 또한 동일하게 표현하고, 끝에 too를 덧붙여 주면 된답니다.

소개할 때에 자기 자신을 먼저 소개하는 경우에는 Let me introduce myself, I'm + 사람이름. / Allow me to introduce myself, I'm + 사람이름. / May I introduce myself? My name is + 사람이름. 따위와 같은 표현을 하면 됩니다.

상대방에게 제3자를 소개하고자 할 경우에는 I'd like you to meet my friend, 사람이름. / I want you to meet my wife, 사람이름. / Let me introduce you to my colleague, 사람이름.이라고 하면 되며, 대신 상대방에게 자신이 원하는 사람을 소개해 달라고 요청할 경우에는 Could you introduce me to your friend?라고 표현하면 됩니다.

소개의 인사법

소개하는 방법은 악수하는 법과 동일하다.
♠ 이성간에는 남성이 먼저,
♠ 지위가 낮은 사람이 먼저,
♠ 소개를 받는 사람이 먼저,
♠ 손님에게는 주인이 먼저,
♠ 연하의 사람이 먼저 등

아이드 라이크 유 투 밋 마이프렌 존
- **I'd like you to meet my friend, John.**
 (내 친구 존을 소개할게요.)

얼라우 미 투 인트로듀스 마이쎌프 아임 폴 데이비스
- **Allow me to introduce myself, I'm Paul Davis.**
 (내 소개를 할게, 난 폴 데이비스야.)
 *자신을 소개하는 표현으로 Let me introduce myself. / May I introduce myself? / I'd like to introduce myself.라고 표현하면 된다.

해뷰 에버 맷 비키
- **Have you ever met Vicky?**
 (비키와 만난 적 있니?)

제임스   미트 메리-앤
- **James, meet Mary-Ann.**
 (제임스, 메리앤과 서로 아는 사이니?)

쿠쥬 인트로듀스 미 투 유어 프렌드 아이드 러브 투 미림
- **Could you introduce me to your friend? I'd love to meet him.**
  (당신 친구 좀 소개해 줄래요? 그를 만나고 싶었거든요.)

디씨즈 마이 티쳐
- **This is my teacher.**
  (이분은 내 선생님이야.)

아이 웍 인더 쎄일즈 디파러먼
- **I work in the Sales Department.**
  (저는 영업부에 근무합니다.)

아이브 허더랏 어바웃츄
- **I've heard a lot about you.**
  (말씀은 많이 들었습니다.)
  *I've often heard of(about) you.라는 표현을 대용해도 무방하다.

아이브 빈 루킹 포워드 투 미팅 유
- **I've been looking forward to meeting you.**
  (만나뵙고 싶었습니다.)
  *직설적으로 I'll miss you. / I wanted to see you.처럼 표현할 수도 있다.

히어리즈 마이 비지니스 카드
- **Here is my business card.**
  (제 명함입니다.)
  *명함을 흔히 name card라고도 한다.

Unit 04

작별할 때

작별(farewell, good-bye)도 만남과 똑같이 즐거운 마음으로 cool[쿨]하게! 상황에 따른 작별인사 한마디가 상대의 마음을 사로잡는다?

Note

우리가 알고 있는 작별의 인사 표현은 Good-bye.[굿바이]이지만 이러한 표현은 너무 딱딱한 표현이므로 So long! / Take it easy. / See you later. / Take care. 따위와 같이 그밖에 다양한 인사법을 익혀 두도록 합시다.

♠ 상대방에게 행운을 빌어줄 때 Good luck!
♠ 애인 사이라면 I'll miss you.
♠ 만나서 즐거웠다면 Nice meeting you.
♠ 이야기 상대로서 고마움을 전할 때 Nice talking to you.
♠ 여행하는 사람에게 인사를 할 때 I wish you a nice trip! 혹은 I hope you'll enjoy your trip.

우리의 경우 갈 시간이 지나도 상대방과의 관계성을 중시하여 "이만, 가봐야 합니다."라는 말을 주저하게 되는데 I'm afraid. I have to go now. / I have to leave now. / I guess I'll leave. 따위처럼 보다 당당하게 표현할 수 있어야만 합니다.

굿바이 빌
- **Good-bye, Bill.**
  (잘 가, 빌.)

  *일반적으로는 Good-bye! / Bye-bye!라 하지만 막역한 관계라면 흔히 줄여서 표현한다.

쏘 롱 폴
- **So long, Paul!**
  (그럼 안녕, 폴!)

씨 유 레이러
- **See you later.**
  (다음에 봅시다.)

  *유사한 표현으로 See you tomorrow. / See you around. / See you again. / Catch you later. 따위가 있다.

테익 케어 씨스
- **Take care, sis.**
  (그럼, 안녕. / 몸조심해! / 잘 있어!)

  *재귀대명사를 활용하여 Take care of yourself.라고 표현할 수도 있다.

해버 나이스 위캔
- **Have a nice weekend.**
  (좋은 주말이 되길 바래!)

  *유사한 표현으로 Have a good time. / Have a nice day. / Enjoy yourself. 따위가 활용된다.

테이킷 이지
- **Take it easy.**
  (잘 가! / 편히 쉬세요.)

  *Be careful.(몸조심해!)라는 뜻도 있으나 "진정해!"라는 의미로도 사용된다.

나이스 미링 유
- **Nice meeting you.**
  (만나서 정말 반가웠습니다.)

  *원래의 표현인 It's been very nice meeting you.을 줄인 표현이다.

아임 어프레이 아이 햅투 고 나우
- **I'm afraid I have to go now.**
  (지금 가야 할 것 같아요.)

아일 미슈
- **I'll miss you.**
  (당신이 그리울 겁니다. / 당신이 보고 싶을 겁니다.)

렛츠 키핀 터치
- **Let's keep in touch.**
  (서로 연락합시다.)
  *전화나 편지로 연락을 취하자고 제안하는 표현이다.

플리즈 기브 유어 패멀리 마이 뤼가즈
- **Please give your family my regards.**
  (가족들에게 안부 좀 전해 주세요.)
  *유사한 표현으로 Don't forget me to your family.라고 사용해도 무방하다.

Part 1. 상황별 영어회화 29

Unit 05

축하할 때

선물보다 말 한마디가 더 소중할 때도 많다!!!
당신의 품격을 grade-up[그레이더업]하면 인생이 확 달라진다?

Note

일반적으로 우리는 축하의 표현에 인색한 편이지만 서양인들은 일상생활에서도 수시로 Congratulations! / Bravo! / Good job!와 같은 표현을 스스럼없이 쏟아냅니다.
새해 인사로는 Happy New Year!라고 표현하며, 생일을 축하하는 인사로는 Happy birthday to you!라고 표현하며, 크리스마스에는 Merry Christmas!라고 표현하며, 추수감사절에는 Thanksgiving Day!라고 표현하곤 합니다.
흔히 "축하합니다."라는 표현은 Congratulations!라고 해도 되지만 뒤에 구체적인 내용을 Congratulations on ~.의 문형에 연결시켜 축하의 내용을 덧붙여 주면 됩니다. 물론 축하를 받았을 경우에는 Thank you. / Thanks to you. / Thank you for ~. 따위와 같은 감사의 답례 표현을 잊지 맙시다.

[축하의 표현법]
♠《졸업》 Congratulations on your graduation.
♠《입학》 Congratulations on your admission.
♠《결혼》 Congratulations on your wedding.
♠《승진》 Congratulations on your promotion.

♠《합격》 Congratulations on your passing the exam.
♠《성공》 Congratulations on your success.
♠《승리》 Congratulations on your victory.
♠《출산》 Congratulations on the new baby.

(유 디 더) 굿 잡
- **(You did a) Good job.**
  (잘 했어요. / 성공했군요.)
  *합격, 성공, 통과 따위에 널리 활용되는 표현으로 흔히 Good job.이라고 하며, 또한 Well done!이라는 표현도 사용한다.

컹그래춰래이션스 온 유어 그래쥬에이션
- **Congratulations on your graduation.**
  (졸업을 축하합니다.)

굿 쇼우
- **Good show!**
  (멋지군요!)
  *다소 황홀할 만큼의 연회장이라면 Wonderful!(훌륭해.) / Fantastic!(환상적이야.) 따위와 같은 표현을 덧붙여 주면 좋은 인상을 심어주게 된다.

아임 쏘 해피 포 유
- **I'm so happy for you.**
  (당신으로 인해 너무 행복합니다.)

렛츠 쎌리브레잇 크리스마스 투게더
- **Let's celebrate Christmas together.**
  (함께 크리스마스를 축하합시다.)
  *일반적으로 Merry Christmas!라고 표현한다.

해피 버스데이 투 유
- **Happy birthday to you!**
  (생일 축하합니다.)

유 메이드 잇
- **You made it!**
(해냈군요. / 성공했군요.)

*자신의 일이나 업무의 성취에 대해 만족감을 드러낼 경우엔 I made it!(잘 됐다. / 드디어 해냈어.)이라는 표현을 활용하곤 한다.

해피 (웨딩) 애너버서리
- **Happy (wedding) anniversary!**
(결혼기념일을 축하합니다.)

*anniversary는 해마다 돌아오는 기념일을 지칭한다.

히어즈 투 더 뉴 이어
- **Here's to the New Year!**
(새해를 축하드립니다.)

흔히 축하를 할 때 술잔을 부딪치며 기쁨을 주고받는데 이럴 때 Bottoms up! / Cheers! / Drink up! / Let's toast! / Here's to you! 등과 같은 표현을 사용한다.

Unit 06

감사할 때

아줌씨, 미고사(미안합니다, 고맙습니다, 사랑합니다)를 아시나요?
Thanks.라는 인사말은 아무리 남발해도 괜찮아유~

Note

일반적으로 감사의 뜻을 전하는 패턴문형으로는 I am thankful to ~ / I'm grateful to ~ / I appreciate ~ / I am obliged to ~ 따위가 있으나 구어에서는 Thank you for ~.(~에 대해 감사드린다.)라는 표현을 주로 사용합니다.
특히 상대방의 도움에 대한 감사의 표현으로는 Thank you very much. / Thanks. / Thanks a lot. 따위가 사용되는데 Thanks.와 Thanks a lot.은 상당히 구어적인 표현이며, 이에 대한 응답 표현으로는 "천만에, 괜찮아."의 뜻으로 사용되는 Not at all. / You're welcome. / That's all right. / That's OK. / My pleasure. 따위가 사용됩니다.

[감사의 표현법]
♠Thank you for calling.(전화해 주셔서 감사합니다.)
♠Thank you for coming to see me.(만나러 와주셔서 감사합니다.)
♠Thank you for your trouble.(수고해 주셔서 감사합니다.)
♠Thank you for your compliment.(칭찬해 주셔서 감사합니다.)
♠Thank you for your kindness.(친절하게 대해 주셔서 감사합니다.)
♠Thank you for helping me.(저를 도와주셔서 감사합니다.)
♠Thank you for inviting me.(저를 초대해 주셔서 감사합니다.)

땡큐 베리 머취
- **Thank you very much.**
(너무 감사합니다.)

아임 베리 그레잇풀
- **I'm very grateful.**
(매우 고맙습니다.)
*I appreciate ~라는 표현도 널리 활용된다.

오- 댓츠 원더풀
- **Oh, that's wonderful.**
(오, 그거 너무 훌륭해요.)

유어 쏘 카인드
- **You're so kind.**
(너무 친절하시군요.)

잇츠 베리 나이쏘뷰 투쎄이 쏘
- **It's very nice of you to say so.**
(그렇게 말씀해 주시다니 기쁩니다.)
*It was my pleasure.라는 표현과 유사하다.

아이 오- 유 원
- **I owe you one.**
  (신세 많았어요.)
  *I owe you so much.라고 표현해도 무방하다.

땡큐 포 유어 헬프
- **Thank you for your help.**
  (도와주셔서 감사드립니다.)

잇츠 카인도뷰 투 쎄이 쏘
- **It's kind of you to say so.**
  (그렇게 말씀해 주시니 고맙습니다.)

Unit 07
사과 · 용서를 구할 때

사죄의 깍듯한 말 한마디로 살인도 면할 수 있다고?
사과[암 쏘리, 춰깁미]는 인간관계의 출발점이요, 시작이다.

> **Note**
>
> 서양인들은 일상적인 생활 속에서 우리가 알고 있는 Excuse me.나 I'm sorry.와 같은 표현은 매우 사용 빈도가 높으며, Please!!! 또한 입버릇처럼 사용합니다. 우리는 어떠한가? 꼭 잘못을 했거나 부득이하게 용서를 구할 경우에만 사용하는 경향이 있는데 "실례합니다, 죄송합니다."라는 표현을 사용하는 데 인색하게 굴지 맙시다.
>
> ♠ 길을 걷다가 어깨가 조금 부딪혔을 때
> ♠ 다른 사람에게 말을 걸 때
> ♠ 지하철에서 발을 밟았을 경우
> ♠ 상대에게 먼저 양해를 구할 때
> ♠ 좁은 길을 지나갈 때 등
>
> 아무리 아줌씨가 무대뽀라고 하더라도 I'm sorry.[암 쏘리]나 Excuse me.[익스큐즈 미]로 이미지 좀 살려보자구요. 위에서와 같이 스스럼없이 의사 표현을 함으로써 보다 인간관계가 친숙해짐을 알 수 있습니다. 특히 상대방이 먼저 말하기 전에 자신이 용서를 구할 수 있는 자세가 필요한 것입니다. 가령 excuse,

sorry, pardon, forgive 따위의 단어에 이러한 어기가 내포되어 있으므로 사용할 때 유의해서 사용하도록 합시다.
직접적으로 표현할 때는 I'm sorry.라는 말을 먼저 말하지만 보다 우회적으로 표현하는 문형에는 Please ~. / Let me apologize ~. / I'm afraid ~. 등과 같은 패턴문형을 사용합니다.

익스큐즈 미
- **Excuse me.**
 (실례합니다.)

아임 쏘리
- **I'm sorry.**
 (죄송합니다.)

아임 쏘리 투 츄래블 유
- **(I'm) Sorry to trouble you.**
 (폐를 끼쳐서 미안합니다.)

파든 미
- **Pardon me.**
 (용서해 주세요.)

*가령 I beg your pardon.은 "용서해 주세요."라는 의미로도 사용하지만 끝음을 올려 발음하면 "다시 한 번 말씀해 주시겠어요?"라는 뜻으로 활용된다.

플리즈 포깁 미
- **Please forgive me.**
  (부디 저를 용서해 주세요.)
  *Give me a break.이나 I beg your pardon.과 같은 표현이다.

잇츠 올 마이폴트
- **It's all my fault.**
  (모두 제 잘못입니다.)
  *상대방의 잘못을 지적할 때 That's where you are mistaken.(그 점이 바로 당신이 잘못된 점입니다.) 라고 표현한다.

아이 디든 미닛
- **I didn't mean it.**
  (그럴 의도는 아니었어요.)
  *고의가 아님을 시사하는 표현이다.

깁 미 어 브레이크
- **Give me a break.**
  (한번만 봐 주세요. / 한번 더 기회를 주세요.)
  *이러한 표현은 "그만해 둬! / 그만 좀 해!"라는 뜻으로도 사용된다.

아임 어프레이드 낫
- **I'm afraid not.**
  (죄송합니다.)
  *상대방의 제안에 대하여 공손하게 거절하는 표현으로 사용된다.

깁 미 어 쎄컨 챈스
- **Give me a second chance.**
  (내게 한번만 기회를 주세요.)
  *Give me a break. / Give me a chance.와 동일한 표현으로 활용된다.

아이 노 아이 메이러 미스테익 아이 홉 유 캔 레릿 패스 디스 타임
- **I know I made a mistake.
  I hope you can let it pass this time.**
  (제가 실수했다는 걸 알아요. 이번 한번만 그냥 넘어가 주세요.)

아임 쏘리   아이 포가릿
- **I'm sorry. I forgot it.**
  (깜빡 잊어버렸어요.)
  *동일한 관용 표현으로 It slipped my mind.도 사용된다.

사과에 대한 응답 표현법

♠ Don't worry about it.
♠ That's all right.
♠ No problem.
♠ That's okay.
♠ Not at all.
♠ It doesn't matter.
♠ (It's) No big deal.

Unit 08

위로와 격려를 할 때

칭찬은 고래도 춤추게 한다고 그랬잖아요?
힘이 되는 한마디의 위로와 격려는 재기의 발판이 됩니다.

> **Note**
>
> 원래 격려나 위로는 상대방이 처한 상황이나 처지를 고려하여 좋은 일에는 분위기를 띄워주는 격려의 말을, 슬픈 일에는 위로의 말을 잊지 말아야 합니다.
> 가령, "아줌마, 당신은 우리의 희망이요, 등불입니다."……
> 상대방에게 용기를 북돋울 때 흔히 Do your best! / Cheer up! / Come on! / Don't give up! / Keep your chin up! 따위와 같은 표현을 활용하며, 관용적인 표현으로 Hang in there! / Keep in there! / Stay in there!이라고 해도 무방합니다.
> 그렇지만 상대방에게 위로의 차원에서 격려를 할 경우에는 That's too bad. / I'm sorry to hear about ~. / Don't be so discouraged. / Don't feel too bad. 따위와 같은 표현을 사용하게 됩니다.
> 관용 표현으로는 I'll stick by you.(내가 당신 옆에서 지켜 줄게.) / Forget it!(잊어버리세요!) / This must be hard on you.(힘드시겠어요.) / Don't go to pieces.(실망하지 마세요.) / You can lean on me.(저한테 의지하세요.) 따위가 있습니다.

- (아이 노) 유캔 두잇
  (I know) You can do it.
  (넌 해낼 거야.)

- 두 유어 베스트
  Do your best!
  (최선을 다 해라!)

- 깁미 어 굿 에펏
  Give me a good effort.
  (열심히 해 봐! / 노력해 봐!)

- 치어 업   유일 두 베러 넥스타임
  Cheer up, you'll do better next time.
  (기운 내, 다음엔 더 잘 할 수 있을 거야.)
  *격려는 You can do better.처럼 상대방에게 힘이 될 수 있는 표현이 좋다.

- 오- 댓츠 투 뱃
  Oh, that's too bad.
  (오, 그거 안 됐는 걸요.)

- 아임 쏘리 투 히어 어바웃 유어 일니스
  I'm sorry to hear about your illness.
  (아프다니 안됐군요.)

- 돈 워리 어바우릿
  Don't worry about it.
  (그것에 대해 염려할 것 없어요.)

- 돈 기법
  Don't give up!
  (포기하지 마세요.)

킵 유어 치넙
- **Keep your chin up!**
  (기운 내세요. / 힘 내세요.)
  *흔히 Chin up!이라는 표현도 널리 활용된다.

행인 데어
- **Hang in there!**
  (견디어 보세요. / 버티어 보세요.)
  *유사한 용법으로 Stay in there!(가만히 계세요.) / Keep in there!(좀 진정하세요.) 따위가 사용된다.

돈 비 쏘 디스커뤼짓
- **Don't be so discouraged.**
  (너무 낙담하지 말아요.)

돈 필 투 뱃
- **Don't feel too bad.**
  (너무 기분 나쁘게 생각하지 마세요!)

Unit 09

칭찬을 할 때

아이들과 남편 기죽이는데 천재가 아줌마라고, 글쎄?
아줌마, 돈 안 드는 건 뭐든지 할 수 있죠 그죠~

Note

일반적으로 '무엇이 어떠하다!'라는 표현에서 주로 쓰이는 어구는 good, nice, like, well 따위가 사용되며, 조금 더 추켜세우려면 wonderful, splendid와 같은 어구를 활용하면 되는데 이와 같은 칭찬은 많이 하면 할수록 좋은 것이라고 할 수 있으나 지나치게 아부의 느낌이 들지 않도록 해야 합니다.

아줌마, 당신의 칭찬 한마디로 가정의 평화는 물론, 자녀와 남편의 앞날에 작은 변화의 밑거름이 될 수 있음을 명심하시라. 자주 사용하는 만큼 가정이 화목해집니다!!!

칭찬할 때의 관용 표현을 살펴보면 It's very nice. / I really like it. / What a lovely dress! / How splendid! / That's wonderful! / You look very nice. 따위로 표현할 수 있는데 이러한 칭찬을 받았으면 이에 대한 감사의 표현도 잊지 말아야 할 것입니다.

평소에도 Nice![나이스] / Good job![굿 잡] / Well done![웰던] / Good for you.[굿 포유] / Way to go![웨이 러 고] 등의 표현은 마구마구 남발해도 좋습니다.

굿 잡 쟈니
- **Good job, Johnny!**
(잘 했어, 쟈니!)
*You did a good job.의 줄인 표현이다.

웨이 투 고
- **Way to go!**
(잘 한다! / 화이팅!)
*응원할 때의 "힘내라!", 어떤 곳을 지적할 때 "거기다!"의 뜻으로 사용된다. 원래는 That's the way to go!인데 That's the way!라고 표현해도 무방하다. 또한 "마침내 성공했구나!"라는 의미로는 You made it!라고 표현할 수도 있다.

웰 던
- **Well done!**
(잘 했어요.)
*스포츠 게임에서 멋진 경기나 골에 대하여 Good shot!, 상대방의 좋은 지점을 의미하거나 잘못에 대하여 지적할 때 Good point!, 좋은 협상의 결과나 좋은 가격에 대하여 Good deal!이라고 표현한다.

댓쳐 나이스 아웃핏 웨어 디쥬 게릿
- **That's a nice outfit.**

Where did you get it?
(잘 어울리는데, 어디서 샀니?)

*It's very becoming to you.(당신한테 잘 어울리는군요.)라는 표현도 있다.

댓츠 잇
• That's it.
(맞았어. / 바로 그거야)

*That's it.에는 "잘 한다.", "다 끝났다."의 뜻으로도 쓰이며, 관련 표현으로There you go!(또 시작이군!), You got it!(이해하겠니?), That's done it! 따위와 같은 표현도 사용된다.

댓 워즈 딜리셔스 아이 인죠이더 미일 풀리
• That was delicious! I enjoyed the meal fully.
(정말 맛있었어요! 성찬이었어요.)

아임 프라우도뷰
• I'm proud of you.
(난 당신이 자랑스러워요.)

*유사한 표현으로 We're so proud of you, dear.라고도 한다.

아이 라이킷
• I like it.
(내 맘에 들어요.)

*I've got it.(바로 그 거야. / 알겠어.)와 유사한 칭찬의 표현이다.

굿 포 유
• Good for you!
(잘 됐군요. / 잘 하는군요.)

*Good on you!라고 해도 무방하며, 일테면 Bravo!와 같은 표현이다.

유 디저브 잇
• You deserve it.
(당신은 그럴 만한 충분한 자격이 있어요.)

*어떤 일에 대해 보상 따위를 받을 만큼의 공적이 있음을 시사하는 표현이다.

Unit 10

화제를 바꿀 때

바꿔, 바꿔, 모든 걸 다 바꿔; 남편 빼고?
제발, 아줌마? 세상 돌아가는 이치와 분위기 좀 파악하자구요!!!

Note

요즘은 아줌마를 위한 드라마가 판을 치는데 적어도 우울 모드[long-faced/blue]는 버리는 게 정신 건강에 매우 좋을 겁니다. 얘기꺼리가 이혼이나 불륜을 소재로 한다면 관심사는 되겠지만 아줌마의 삶에는 그다지 도움이 되지 않을 겁니다.
흔히 대화의 도중, 또는 화제를 전환하고자 할 경우에 우리는 By the way, ~.(그런데, ~.), In any case, ~.(어쨌든, ~.) 따위와 같은 말을 즐겨 사용하는 경향이 있는데 Incidentally, ~.(그런데, ~.)라는 표현도 널리 사용됩니다. 어떤 것에 구체적으로 부연하여 설명하고자 할 때에는 In other words, ~.(바꿔 말하면, ~.)이라는 표현을 사용하면 됩니다.
가령 Did you know that? / You know what? / Guess what? 따위와 같은 표현을 사용하여 상대방의 주의를 끌면서 새로운 화제로의 이행에도 자주 사용되며, 원래의 주제로 돌아가고자 할 때의 표현은 Anyway, ~.(어쨌든, ~.) / In any case, ~.(여하튼, ~.) 따위를 사용하면 대화가 자연스럽게 진행될 수 있습니다.

렛츠 토커바웃 썸씽 엘스
- **Let's talk about something else.**
  (뭐 다른 이야기 좀 합시다.)
  *다소 얘기가 무료하거나 재미가 없을 때 Do you have any news or anything?(뭐 다른 소식 좀 없어?)라고 말한다.

져스트 드랍핏 올롸잇
- **Just drop it, all right?**
  (그 이야기는 그만 두는 게 어때?)
  *Don't talk about that now.와 유사한 표현이다.

아이드 래더 낫 고우 인투 댓
- **I'd rather not go into that.**
  (그런 얘기하고 싶지 않아.)

깁 이러 레스트 오우케이
- **Give it a rest, OK?**
  (잠시 쉬었다가 얘기합시다, 예?)
  *Shall we have a rest?(그만 합시다.)라는 어감을 내포하고 있다.

투 체인지 더 서브젝
- **To change the subject, ⋯.**
  (그런데, ⋯)
  *To take a different tack, ⋯.

렛츠 체인지 더 서브젝
- **Let's change the subject, ⋯?**
  (화제 좀 바꿉시다, ⋯?)
  *Shall we move on?(다른 얘기 하자.)

렛츠 드랍 더 서브젝
- **Let's drop the subject.**
  (그 이야기는 그만둡시다.)

Part 1. 상황별 영어회화 **49**

대럴 두
● **That'll do.**
(그것으로 됐어요. / 이제 그만해!)

아줌마를 위한 Tips

상대방의 말에 대하여 적당한 반응은 대화를 더욱 활기차게 하는 조미료와 같은 작용을 하므로 짧은 한마디에도 함축된 뉘앙스가 상당함을 느껴보자.
- 맞장구를 칠 때: Right. / Okay. / Yeah.
- 반문할 때: And?(그리고?) / Well?(글쎄요?) / Really?(그래요?) / And then?(그래서요?)
- 의례적으로 대답할 때: Mh-hmm. / Uh-huh.

Unit 11

인물을 묘사할 때

세상이여, 더 이상 나에게 품격과 요염함을 요구하지 말라??
쑥맥처럼 살 바엔 차라리 아줌마에게 자유를 달라~

Note

일반적으로 사람을 묘사하는 표현에는 키(height), 몸무게(weight), 외관(appearance), 성격(character) 등의 정도를 표현하는 형용사가 주로 사용되는데 자신이 경험한 것에 근거한 사실이어야만 합니다.

아줌마의 인물이나 몸매보다 더 중요한 것은 뭘까요? 가치적인 관점에서 살펴볼 때 성격(character), 품위나 품격(dignity; grace) 따위가 훨씬 더 중요할 런지도 몰라요.

- ♠ 키 : tall(키가 큰) ↔ small(키가 작은)
- ♠ 몸무게 : heavy(무거운) ↔ light(가벼운)
- ♠ 외관 : ugly/bad-looking(못생긴) ↔ handsome/good-looking(잘생긴)
- ♠ 성격 : bad character(나쁜 성격) ↔ good character(좋은 성격)
- ♠ 성향 : extroversion(외향적) ↔ introversion(내향적)

사람의 성격이나 성품, 외관상의 특징을 표현할 때 유의해야 할 점은 될 수 있는대로 객관성을 견지해야만 합니다. 왜냐하면 다른 사람과 비교할 경우에 일정한 준거 기준이 없다면 사실과 전혀 다르게 묘사될 수 있기 때문입니다. 특히 부정적인

묘사는 삼가는 것이 좋습니다.

미스터 아담스 이즈 콰이엇 톨
- **Mr. Adams is quite tall.**
  (아담스는 키가 꽤 크다.)

사라 이즈 카인덥 숏
- **Sarah is kind of short.**
  (사라는 키가 작은 편이다.)

헨리 이즈 래더 스마트
- **Henry is rather smart.**
  (헨리는 영리하지 못하다.)

히 앵거즈 이즐리
- **He angers easily.**
  (그는 화를 잘 낸다.)

더 뉴 티쳐 이즈 언 엔젤
- **The new teacher is an angel.**
  (새로 오신 선생님은 천사 같다.)

 성격을 묘사하는 표현법

EASY TO KNOW (온화한 성격)

① 온화하다
She's warm.
She's really nice.

② 관대하다
He's relaxed.
He's easy-going.

③ 특별하다/특이하다
　She's different.
　She's a little eccentric.

④ 활동적이다
　He's exciting.
　He's very dynamic.

⑤ 재미있다
　She's funny.
　She has a great sense of humor.

HARD TO KNOW (차가운 성격)
① 다정다감하지 못하다
　She's unfriendly.
　She's not very friendly.

② 변덕스럽다
　He's changeable.
　He's a bit moody.

③ 내성적이다
　She's quiet.
　She's a bit introverted.

④ 좀 이상하다
　He's unusual.
　He's a little strange.

⑤ 귀찮아하다
　She's annoying.
　She's a pain in the neck.

Unit 12

기쁨을 나타낼 때

속물이라고 욕할지라도 다이아몬드를 더 사랑한다?
그대 이름은 여자; 사랑보다도 선물에 껌벅 넘어갑니당~

Note

주로 기쁨을 나타내는 형용사로는 good, fine, glad, nice, happy, pleased, lucky 따위가 있는데 일반적으로 사물에 대한 것은 감탄의 표현으로 대신하지만, 어떤 노력의 결과로써 기쁠 경우에는 형용사 앞에 부사를 두어 기쁨의 어감을 배가시켜 표현하면 됩니다.

물론 기쁨이나 칭찬을 할 경우에 기분의 정도나 상태에 따라 표현하는 방법과 어휘가 다르며, 또한 상황에 따라 적절하게 표현하여야 합니다. 가령, 영어를 좀 아는 아줌마라면 Good for you!(저도 기쁩니다.)라는 맞장구도 칠 줄 알아야 됩니다. 기쁨을 나타내는 감탄사인 Hurray! / Bravo! / Yippee! 따위도 익혀두어 활용하며, 또한 자주 사용하는 문형으로 I'm glad ~. / I'm happy ~. 따위도 익혀둡시다.

♠ [그저 그럴 경우] : All right. / OK. / Not bad. / So so. 등
♠ [약간 좋을 경우] : Very good. / Pretty good. / Fine. / Very well. 등
♠ [아주 좋을 경우] : Great. / Wonderful. / Fantastic. / Excellent. / Super. 등

아임 쏘 해피[그래드]
- **I'm so happy[glad].**
  (너무 기쁩니다.)
  *I'm so glad that I found my wallet.(내 지갑을 찾아서 너무 기쁘다.)

아임 글래드[딜라이티드] 투 히어 댓
- **I'm glad[delighted] to hear that.**
  (그 소식을 들으니 정말 기쁩니다.)
  *That's good news.(그거 반가운 소식이군요.)

더 뉴스 풋 힘 인 어 굿 무드
- **The news put him in a good mood.**
(그 소식이 그를 기분 좋게 만들었어요.)

아이 필 그래잇 투데이
- **I feel great today.**
(난 오늘 기분이 너무 좋아!)
*I'm on cloud nine.(날아갈 것 같은 기분이다.)라는 표현도 사용된다.

디스 해즈 빈 어 원더풀 버쓰데이
- **This has been a wonderful birthday.**
(오늘 생일은 멋지게 보냈어.)

유 머슷비 베리 플리즈드
- **You must be very pleased.**
(정말 기쁘겠네요.)

잇츠 마이 플레쥬어
- **It's my pleasure.**
(물론이죠. / 저야말로 기쁩니다.)
*"고맙다."는 인사말에 대한 응답 표현으로 "나 또한 도와줄 수 있는 기회가 되어 기쁘다"라는 표현이다. 물론 줄여서 My pleasure.(천만에.)라는 뉘앙스를 풍긴다.

자신의 감정을 드러낼 때 상황에 따라 달라지게 마련인데 슬픔은 억제하고, 기쁨은 함께 나누는 것이 상례이다. 다소 부정적인 상황에서 놀라움을 표출할 때 Good grief! / Yipes! / Yikes! / Oh my gosh! 등과 같은 감탄사를 연발하며, 또한 긍정적인 상황에서는 I love it! / Awesome! / Cool! 등과 같은 표현을 자주 활용한다. 그러나 Wow!는 양쪽 모든 상황에 활용된다.

Unit 13

재미·흥미가 있을 때

강남이 노는 물이 다르다고요? 강남엔 제비가 있으니깐!
참으로 살맛나는 세상, 이렇게 살 필요 뭐 있노. 차라리 이럴 바엔~

Note

일반적으로 재미나 흥미가 있음을 나타내는 표현에는 일반적으로 앞에 감탄사 Oh! 혹은 How ~!로 시작하며, 이러한 표현은 great, interest, delightful 따위의 형용사를 덧붙여 표현하게 됩니다.

상대방의 이야기에 흥미나 관심이 있음을 적극적으로 피력하고자 할 때에는 What happened?(어떻게 되었나요?) / What's up?(무슨 일이죠?) / What do you mean?(무슨 뜻입니까?) 등의 형태로 질문하는 것이 필요합니다.

물론 자신의 의견을 분명히 나타낼 때에는 I don't think so.(그렇게 생각하지 않아요.) / I have no idea.(전혀 모르겠어요.) / I haven't heard a thing.(들어보지 못했어요.) 등과 같은 솔직한 의사 표현도 상대방에게 친근감을 유발할 수도 있습니다.

[자신의 견해나 관심을 표명하는 표현법]
♠ 관심의 표현 : I'm interested in football.(난 축구에 관심이 있어.)
♠ 흥미의 표현 : That's interesting!(그것 재미있군요!)
♠ 취미의 표현 : I love to fish.(난 낚시를 무척 좋아해.)
♠ 오락의 표현 : I'm nuts about baseball.(난 야구광이야.)

상대방에게 관심을 드러내는 방법에는 여러 가지 표현이 존재하는데 몇 가지 빈출 표현법만 알아두기로 하자.

-말대꾸할 때 : You are? / You did? / She is?

-의구심을 나타낼 때 : Are you kidding me? / Are you pulling my leg? / You're kidding me.

-재확인할 때 : What did you say? / Pardon me? / Can you repeat that? / Can you say that again?

-맞장구 칠 때 : Oh really? / Is that right? / Is that so?

오우 디씨즈 그래잇
- **Oh, this is great!**
(오, 이거 끝내주는군!)

*놀라움을 나타낼 때 Oh, my gosh! / That's wonderful! / That's amazing! / What a surprise! 등과 같은 표현을 사용한다.

하우 인터레스팅
- **How interesting!**
(진짜 재미있군요! / 어찌나 재미있든지!)

*주로 응답 표현으로 It sounds like fun.(재미있을 것 같네.)처럼 완곡하게 표현해도 된다.

왓 워즈 잇
- **What was it?**
(그게 뭡니까?)

*What is it to you?(그 일과 무슨 관계가 있나요?)

히 리얼리 씸스 투 게러 킥 아우롭 티징 댓 독
- **He really seems to get a kick out of teasing that dog.**
(그는 썩 재미있는 사람인 것 같아요.)

*get a kick out of teasing that dog 관용 표현으로 '재미있다'는 뜻.

두 유 인죠이 메이킹 아더 피플 미져러블
- **Do you enjoy making other people miserable?**
(다른 사람을 비참하게 만드는 것이 재미있나요?)

아유 인터레스티딘 컨츄리 뮤직
- **Are you interested in country music?**
(컨츄리 음악을 좋아하십니까?)

 ## 무관심을 나타내는 표현법

일반적으로 상대방에게 다소 냉담한 표정을 짓거나 반응을 나타낼 때 사용할 수 있는 표현법으로써 자신의 의지나 견해를 전혀 드러내지 않을 때 활용하면 된다.

♠ I don't care.(아무래도 좋아요. / 관심 없어요.)
♠ Who cares?(알게 뭐야?)
♠ So what?(그래서 뭘?)
♠ It's nothing to do with me.(나와는 상관없어요.)
♠ I couldn't careless.(난 관심 없어.)
♠ It doesn't matter.(난 상관없어.)

Unit 14

감동할 때

이봐요, 아줌마? 너무 바빠 감동할 짬이 없다고?
아줌마의 감동은 사소한 일에서 시작됨을 이 땅의 남자들은 아는가?

Note

사람들은 슬플 때에도 눈물(tears)을 연상하지만 기쁨을 표현할 때에도 눈물을 연상하면 이해가 쉽게 될 것입니다. 특히 어떤 것으로 인한 감동은 심적 동요, 즉 사람의 감정을 자극해야만 하기 때문에 move, touch, impress 따위와 같은 어구가 활용됩니다.

일반적으로 감탄을 나타낼 때 Wow! / Good grief! / Yipes! / Well, ~! 등과 같이 나타낼 수 있으며, 단지 좋지 않은 상태의 놀라움을 나타낼 경우에는 How do you like that!(어쩜, 이럴 수가!) / What do you think of that!(어쩜, 그럴 수가!) 등과 같이 표현하기도 합니다.

상대방에게 감정상 위로를 건네주고자 할 경우에는 That's a pity.(불쌍하게 됐군요!) / That's too bad.(그것 참 안됐군요!) / That's unfortunate.(그것 운이 없군요!) 따위와 같이 사용해도 무방합니다.

아이 워즈 딥플리 무브드
- **I was deeply moved.**
  (깊은 감동을 받았어요.)

잇 워저 터칭 씬
- **It was a touching scene.**
  (그건 감동적인 장면이었어.)
  *It was a moving scene. / It was a touching sight. / It was a impressive scene. 따위도 같은 표현이다.

히스 써먼 무브드 미 투 티어즈
- **His sermon moved me to tears.**
  (그의 설교에 감동 받았어.)

아이 워즈 쏘 해피 앳 마이 도러즈 웨딩
- **I was so happy at my daughter's wedding.**
  (나는 딸의 결혼 소식에 너무 기뻤다.)

아이 게러 럼프 인 마이 쓰롯 에브리 타임 아이 히어 댓 쏭
- **I get a lump in my throat every time I hear that song.**
  (난 그 노래만 들으면 목이 메여.)

잇 워즈 퍼팩   잇 쿠든 해브빈 베러
- **It was perfect! It couldn't have been better.**
  (그건 완벽했어요. 더 이상 좋을 수는 없을 겁니다.)
  *perfect는 wonderful, fantastic, terrific 따위의 의미를 나타낸다.

Unit 15

놀라움을 나타낼 때

아줌마한테도 과연 놀랄 일이 생길 수 있을꼬?
아줌마에게 연하의 남친이 한 명 생긴다면 모를까~

Note

Oh!는 놀라울 때, 고통스러울 때, 애석할 때, 기막힐 때, 딱할 때, 믿어지지 않을 때 등의 경우에 사용하는 감탄사로서 우리말의 『오!』, 『이런!』, 『아이구!』, 『저런!』, 『설마!』 따위의 표현에 해당합니다.

우리는 일상적으로 Oh, no! / Oh, yeah! / Oh, my God! / Oh, dear! / Oh, really! 등과 같은 표현을 선호하곤 합니다. 그밖에 놀라움을 나타내는 감탄사로서 Oops!(야단났군!) / Eek!(앗!, 아이쿠!) / Ouch!(아얏!, 아파!) / Uh-oh!(아차!, 이런!) / Whew!(아휴!) / Yuck!(윽!) 따위와 같은 표현이 있습니다. You what?이라는 표현은 "다시 한번 말해주시오."라는 뜻으로도 사용되지만 "뭐라고요?"처럼 놀라움을 나타낼 경우에도 사용된답니다.

아줌마를 위한 Tips

우리는 놀랐을 때 흔히 God이나 mother를 찾게 되는데 서양에서도 마찬가지이며, 또한 감탄의 표현으로 Gee! / Golly! / God! / Boy! 등을 활용하게 된다. 그러나 실수나 잘못을 하였을 경우에는 Oops! / Whoops! / Shucks! / Shoot! 등을 사용한다.

오 - 마이 갓
- **Oh my God!**
(오, 하느님! / 오, 맙소사!)

*Whatever is the matter? / What do you know?(도대체 어떻게 된 거야?)

와러 서프라이즈
- **What a surprise!**
(얼마나 놀랐던지! / 아니 이게 웬일이야.)

오우 노-
- **Oh no!**
(그럴 리가! / 설마!)

*Really! / I can't believe my ears!

유어 키딩 미
- **You're kidding me!**
(농담이지!).

*You must be kidding!(농담이겠지!) / No kidding!(설마!)

오 마이 고쉬
- **Oh my gosh!**
(아이쿠! / 아이고 맙소사!))

아이 캔 빌립 잇
- **I can't believe it.**
(그것을 믿을 수 없군요.)

*Believe me.(정말입니깨?)라는 표현으로 대신할 수 있다.

인크래디블
- **Incredible!**
(믿을 수 없군요.)

*Awful! / Terrible! 등은 좋지 못한 상황에서 활용하는 표현이다.

Unit 16

관심을 피력할 때

아줌마에게 가장 소중한 친구는 돈; 한마디로 표현하면 "쩐"이죠?
남자란 동물과 다른 점; 쇼핑족, 막무가내족, 현실족, 과시족, 드라마족........

Note

어떤 것에 관하여 흥미나 관심을 피력할 때 보다 구체적이고, 직접적으로 표현하려면 be interested in, be curious about 따위의 관용구를 활용하여 나타냅니다.

따라서 상대방의 이야기에 흥미가 있음을 적극적으로 표시하는 것이 매우 중요합니다. 가령 What?(뭐라고?) / Is that so?(그렇습니까?) / What happened?(어떻게 됐나요?) / What do you mean?(무슨 뜻입니까?) 등과 같이 표현하면 관심이 있다는 뜻이며, 상대방에게 흥미가 없음을 나타낼 때 So what?(그래서 뭐 어쨌다는 거야?) / Who cares?(알게 뭐야?) / It doesn't matter to me.(상관없어. / 관심없어.) 등과 같은 표현을 널리 사용합니다.

[상대방에게 흥미를 나타내는 말]
Right. / Okay. / Yeah. / Really? / And then? / And so? / That's interesting. / Uh-huh.

["그렇습니다."의 표현]
That's right. / So it is. / You're right.

["그렇지 않습니다"의 표현]
It is not so. / That's not so. / You're wrong. / Not exactly.

["그렇습니까?"의 표현]
Really? / Is that so? / Is that right? / Are you sure?

왓 두유 민 바이 댓
- **What do you mean by that?**
(그것은 무슨 뜻입니까?)
*What does this mean? (이것은 무슨 뜻입니까?)

아임 베리 인터레스티드 인 코리언 히스토리
- **I'm very interested in Korean history.**
(나는 한국의 역사에 관심이 많아요.)

아임 큐리어스 어바웃 와이 피플 포린 러브
- **I'm curious about why people fall in love.**
(나는 사람들이 왜 사랑에 빠지는지 궁금합니다.)

아이드 라익 투 노우 모어 어바우츄어 잡
- **I'd like to know more about your job.**
(당신의 직업에 대해 더 알고 싶어요.)

쉬 이즈 킨 투 고우 투 저팬
- **He is keen to go to Japan.**
  (그는 일본에 가길 열망합니다.)
  *be keen to ~ : ~하기를 열망하다

왓츠 더 퍼슷 임프레션 오브 코리어
- **What's the first impression of Korea?**
  (서울에 대한 첫인상은 어떻습니까?)
  *What impressed you the most about Korea?(한국에서 가장 인상적인 것은 무엇입니까?)과 같이 최상급을 이용한 표현도 자주 활용된다.

왓츠 유어 내셔널러티
- **What's your nationality?**
  (국적이 어디십니까?)

난처한 상황에 직면하여 대답하기 곤란하거나 소극적으로 대답할 때 I have no idea. / (That) Beats me. / Who knows! 등을 활용한다.

Unit 17

호감을 나타낼 때

비오는 날이면; 추억만이 날 울려주네?
나에게 침 질질 흘리던 아그들에게 똥침을 날려주리라~

Note

일반적으로 '좋아하다'의 표현은 동사 like나 love를 사용하여 표현하지만 그 정도를 배가하려면 crazy about(반하다, 빠지다), mad about(몹시 좋아하다), nuts about(굉장히 좋아하다), wild about(무척 탐나다), love to do(애호하다, 좋아하다), absorb in(푹 빠지다), care for(관심 있다) 등과 같은 관용 표현이 널리 쓰입니다.

특히 한국 사람들에게는 상대방에게 견해를 피력하고자 할 때 자신의 의사를 분명하게 밝힐 필요가 있습니다. 왜냐하면 미국인들은 어정쩡한 태도 Yes and no.[Yeses and noes.](글쎄. / 어떨지 모르겠어요.)를 무척 싫어하기 때문에 동양적인 사고를 가진 우리들은 이러한 점에 매우 유의해야 할 것입니다.

♠ 술을 좋아하지 않을 경우 : I don't like to drink.
♠ 담배를 피우지 않을 경우 : I don't smoke.
♠ 동의하지 않을 경우 : I don't think so.
♠ 사실(진실)이 아닐 경우 : That's not true.
♠ 중요하지 않을 경우 : It's not important.

아엠 인터레스티드 인 잇
- **I am interested in it.**
(나는 그것에 관심이 많아요.)

아이 라익 김치 베리 머취
- **I like Kimchi very much.**
(나는 김치를 대단히 좋아합니다.)

아 일 러 뷰
- **I love you.**
(당신을 사랑합니다.)

쉬즈 크래이지 어바웃 호러 무비즈
- **She's crazy about horror movies.**
(그녀는 공포영화에 홀딱 빠져 있어요.)

두 유 고 포 재즈
- **Do you go for jazz?**
(당신은 재즈를 좋아합니까?)

아임 베리 폰드 옵 훼밀리 리유니언스
- **I'm very fond of family reunions.**
(나는 가족이 함께 모이는 것을 무척 좋아합니다.)
*be fond of : ~을 좋아하다, ~가 좋다

일반적으로 -holic[홀릭]이라는 표현은 "중독자"를 지칭할 때 사용하는데 workaholic(일중독자, 일벌레), computerholic(컴퓨터중독자), chocoholic(초코중독자), alcoholic(알코올중독자) 따위로 표현한다.

Unit 18

행운을 빌 때

아줌마에겐 오로지 복권이나 로또밖엔 희망이 없다?
빌어먹을 행운(God damn!)이 혹시 나에게도 오시려나 몰라라~

> **Note**
>
> 일반적으로 행운의 뜻으로 Good luck.[굿럭]이라는 어구가 있으나 다소 의미는 다르나 이것 못지않게 fortune이라는 단어도 사용됩니다. 행운(good luck)에 상대되는 '불운'의 표현으로 bad luck, ill luck, hard luck 따위가 쓰입니다.
> 흔히 '행운을 빕니다, 부디 안녕하시기를!'의 표현은 Good luck to you.라고 표현하나 to you를 생략하는 것이 상례입니다. 행운의 상징인 복주머니를 영어로 표현하면 lucky bag 혹은 grab bag이라고 하면 됩니다.
> 흔히 우리가 말하는 행운의 어감에 적합한 영어표현은 lucky(우연한 행운)인데 lucky boy [beggar / dog](행운아), lucky number(행운의 숫자) 등이 이에 해당하는 표현입니다.
> 아줌마에게 행운은 과연 무엇일까? 가정으로부터의 탈출?, 하늘에서의 돈벼락?, 아니면 백마탄 왕자와 같은 이성친구? 따위가 아니라 현실에서 가능한 fortune(재물운)이어야만 합니다.
> Good luck. 이라는 표현에는 앞에 I wish나 I hope 따위가 생략된 표현법입니다.

아일 기브 잇 마이 베스트 샷
- **I'll give it my best shot.**
(최선을 다할 겁니다.)

굿 럭
- **Good luck.**
(행운이 있으시길.)
*아줌마한테 four leafed clover(네잎 클로버)와 같은 행운이 깃드시길.....

기범 헬
- **Give'em hell.**
(제기랄! / 빌어먹을! / 도대체!)
*give ones hell : ~을 혼내주다

유브 갓 투 투라이 유어 하디스트
- **You've got to try your hardest.**
(최선의 경주를 다해 주세요.)

렛츠 츄라이 아우어 럭
- **Let's try our luck.**
(한번 시도해 봅시다. / 운에 맡겨 보십시다.)
*Let's take a crack at it.도 동일한 표현이다.

Part 1. 상황별 영어회화 **73**

아이 위쉬 유 럭
- **I wish you luck.**
  (당신에게 행운이 있기를 바랍니다.)

아일 킵 마이 핑거즈 크로스트
- **I'll keep my fingers crossed.**
  (행운을 빌어줄게요.)
  *fingers crossed는 카톨릭에서 천주에게 비는 의식행위를 일컫는 말이다.

블레스 미 후럼 올 에빌즈
- **Bless me from all evils.**
  (모든 악으로부터 지켜 주소서.)
  *여기서 evil은 불운의 개념으로 good and evil(선과 악)과 같은 표현에 활용된다.

어 클로버 위드 포 리브즈 이즈 더 심벌 옵 럭
- **A clover with four leaves is the symbol of luck.**
  (네 잎 클로버는 행운의 상징입니다.)
  *이를 달리 표현하면 A four-leaf clover is a token of good luck.라고도 표현할 수도 있다.

Unit 19

만족할 때

행복은 아줌마의 성적순이 아니잖아요?
콩 심은데 콩 나고, 팥 심은데 인심나고, 돈 난다~

Note

어떤 행위나 욕망에 대한 만족감을 표현하는 어휘로는 great, fine, super, delicious, marvelous 따위를 부가하면 되며, 직접적으로 '만족하다'라는 표현은 satisfy, content, delight, happy 따위의 어구가 사용됩니다.

일반적으로 "만족하다"라는 관용어구로는 be satisfied with, be contented with, be happy with 따위의 관용 표현을 사용하여 나타냅니다. 주로 어떤 결과에 대한 만족감을 나타내기 때문에 전치사 with가 부가되는 것입니다.

주로 활용되는 패턴문형으로 "~에 만족합니다."라는 표현은 I am satisfied with ~ / I am delighted ~ / I am contented with ~ 등과 같이 활용할 수 있다.

아이엠 새티즈파이드 위딧
- **I am satisfied with it.**
(나는 그것에 만족합니다.)

위 디더 굿 잡
- **We did a good job.**
(우리 모두 잘 해냈어요.)

댓 워저 마브러스 디너
- **That was a marvelous dinner.**
(그건 성찬이었어요.)

아임 딜라잇티드 위드 유어 프레젼
- **I'm delighted with your present.**
(네 선물 때문에 난 기뻐요.)

위 아 쏘 해피 인 아워 뉴 하우스
- **We are so happy in our new house.**
(새 집을 갖게 되어 너무 행복합니다.)

아이브 빈 쏘 컨텐 씬스 아이 맷 쟈닛
- **I've been so content since I met Janet.**
(쟈닛을 만나 너무 기쁩니다.)

더 리절트 디드 낫 새티즈파이 미
- **The result did not satisfy me.**
(나는 그 결과에 만족하지 않아요.)

Unit 20

자만할 때

아줌마의 허영심과 자존심은 종이 한 장 차이라고?
자만의 늪에서 누가 아줌마를 건져 줄 건가~

Note

스스로 자만하거나 우쭐해 할 경우에는 pride oneself on, be proud of, be boast of, make a boast of 따위의 어구가 사용되며, 구어적으로 '자만하다'의 뜻이 담긴 표현으로 big talk, fine talk, tall talk 따위가 쓰여집니다.

자랑을 하거나 허풍을 떠는 사람을 비유할 때 boaster라고 하며, 잘난 척하거나 거만하게 구는 것에 대해서는 부정적으로 여겨질 경우에는 proud, arrogant, haughty 따위가 쓰여지고, 다소 긍정적인 경우에는 imposing, splendid 따위의 형용사가 사용됩니다.

스탑 브래깅 탐
- **Stop bragging, Tom.**
(톰, 허풍떨지 마.)
*Don't exaggerate.라는 표현도 널리 활용된다.

하우 두 유 라이크 마이 뉴 컴퓨러
- **How do you like my new computer?**
(새로 구입한 내 컴퓨터 어떠니?)

쉬 이저 빗 프리텐셔스
- **She is a bit pretentious.**
(그녀는 조금 허세가 있어요.)
*She is rather conceited.도 동일한 표현이다.

아이 쿠드 두 댓 위드 마이 아이즈 클로즈드
- **I could do that with my eyes closed.**
(그건 식은 죽 먹기야.)
*It's a piece of cake. / It's as easy as apple pie. / It's a walk in the park. 등과 같은 관용표현이 있다.

닥터 스미스 이즈 올웨이즈 보스팅 어바웃 히스 걸 후렌
- **Dr. Smith is always boasting about his girlfriend.**
(스미스 박사는 항상 자기 여자 친구를 자랑하곤 합니다.)

댓츠 낫씽 투 비 프라우돕
- **That's nothing to be proud of.**
(그건 뻐길 일이 못됩니다.)

Unit 21

안심할 때

아줌마, 영 불안하면 종신이나 안심 보험이나 들어 놓을 일이지? 이제부터 시작해도 늦질 않아, 인생의 반환점에 불과한데 뭘....

Note

그 동안 계속 걱정이 되거나 문제꺼리가 해결되었는데도 상대방이 약간 염려스런 표정이 역력할 때 "이제, 안심해!", "더 이상 걱정 마!" 따위와 같이 표현하며, 또한 안도의 상태를 확인하는 표현도 쓰일 수 있습니다.

가령, Don't worry about it. / Don't sweat it. / Not to worry.(더 이상 염려하지 마!) 따위와 같은 표현도 있을 수 있고, 또한 Everything worked out OK! / What a relief! / That was close!(자, 다 끝났어!, 안심해!) 따위로 표현할 수도 있습니다.

또는, I'm relaxing. / I'm cooling off.(쉽시다.) 따위로도 표현할 수 있습니다.

[안심을 나타내는 표현]
♠ That's a relief.
♠ What a relief!
♠ That's a load off my shoulders.
♠ It's a weight off my mind.

휴우　　　댓 워즈 클로우즈
- **Whew! That was close.**
(휴! 간발의 차이였어. / 가까스로 해냈군.)

와러 릴리잎
- **What a relief!**
(아, 다행이다. / 이제야 안심이 되는군.)

땡크 굿니스 밋터엄스 아 오우버
- **Thank goodness midterms are over.**
(중간 시험이 무사히 끝나 다행이야.)

댓이즈 리얼리 어 로드 웁 마이 마인
- **That is really a load off my mind.**
(그게 정말로 내 마음의 무거운 짐을 덜어주는 것이다.)

*take a load off one's mind : 마음의 무거운 짐을 벗다

유 슈어 해드 미 워리드 데어 포러 미닛
- **You sure had me worried there for a minute.**
(그때 정말 걱정되었어요.)

풋 유어 마인 앳 레슷 온 댓 스코어
- **Put your mind at rest on that score.**
(그 점은 안심하십시오.)

*Set your mind at rest about that. / You may take it easy on that score.도 유사하게 활용되는 표현이다.

Unit 22

간절할 때

오, 단군이시여! 불쌍한 아줌씨를 어여쁘게 여겨주소서?
죽은 사람 소원도 들어준다는데.... 하물며 산 사람 소원은 들어줘야지~

Note

안타까움이나 간절함을 나타내는 감정 표현에는 여러가지가 있으며 주로 작별에 대한 그리움으로 나타내게 되는데 상대방을 잊지 못하는 그야말로 '견우(herdsman)와 직녀(weaver)'의 심정을 토로하는 경우의 표현입니다.
우리는 대개 편지나 전화로 I miss you badly.(당신이 그리워 죽겠어.)라는 표현을 사용하는 경우를 종종 볼 수 있는데 break one's heart(실망하다)도 유사한 표현입니다.
일반적으로 어떤 예상된 것이 취소되거나 약속을 어겼을 때 What a pity!(이거 실망인데! / 유감입니다.)의 표현은 상대방의 이러한 심정(정말, 애석한 일이로군!)을 달래주는 표현으로도 쓰일 수 있습니다.

♠ Oh, God, Save my soul!
  (신이시여, 저를 구원해 주소서!)
♠ God rest his soul!
  (신이시여, 그의 영혼을 고이 잠들게 하소서!)
♠ God send him success!
  (신이시여, 그를 성공하게 하옵소서!)

아이 캔 텔 유 하우 머취 아이 미스 허
- **I can't tell you how much I miss her.**
(그녀가 얼마나 그리운지 말할 수 없어요.)

히 브로커 핫 왠 히 랩
- **He broke her heart when he left.**
(그녀는 그가 떠났을 때 몹시 슬퍼했어요.)

히즈 빈 럽씩 에버 씬스 쉬 쎄드 굿바이
- **He's been lovesick ever since she said good-bye.**
(그는 그녀가 이별을 고한 후로 비탄에 잠겨 있다.)

유 캔 져슷 씻 히어 피닝 포 허
- **You can't just sit here pining for her.**
(이렇게 그녀를 그리워만 하고 있어선 안 돼요.)

썸타임즈 더 롱잉 그로우즈 언베어러블
- **Sometimes the longing grows unbearable.**
(참을 수 없을 만큼 그리울 때도 있습니다.)

아이 홉 투 씨 유 어겐
- **I hope to see you again.**
(당신을 다시 뵙기를 바랍니다.)

*I want you to do it.(당신이 그 일을 해주길 바랍니다.) / I badly want a new car.(난 새 차를 몹시 갖고 싶어요.)

Unit 23

바람·소망을 나타낼 때

아줌마의 소원은 세계일주가 꿈이라고?
fun-fun(뻔뻔)한 영어가 유창해지면 꿈은 저절로 이뤄진다~

Note

일반적으로 장래에 관한 바람이나 소망을 나타내는 표현은 wish, hope, want, desire 따위가 있으나 이에는 정확한 구별이 요구됩니다.

wish는 주로 서술적인 표현에서 보다 적극적인 소원을 나타낼 때 사용되고, hope는 실현 가능성이 적은 경우에 사용되며, want는 특히 구어에서 어떤 것에 대한 부족으로 발생되는 요구 사항을 나타낼 때 사용됩니다.

반면, desire는 몹시 강한 욕구를 의미하지만 want에 비해 좀 딱딱한 표현으로 볼 수 있습니다.

다소 장래적인 표현으로 I wish ~ / I hope ~의 문형이 활용되는 반면, 직접적이고 현실적인 표현으로는 I'd like to ~(~하고 싶다.) / I want to ~ 따위의 문형이 널리 활용되며, I'd like to ~는 I want to ~보다 겸손하고 정중한 표현으로 사용빈도가 많으므로 사용법을 익혀 두길 바랍니다.

I wish … had p.p. ~은 〈가정법 과거완료〉의 문형으로 지난 일에 대한 후회를 나타낼 경우에 사용됩니다.

아이드 라익 큐 투 고 데어
- **I'd like you to go there.**
(당신이 거기에 가길 바랍니다.)
*I'd like ~는 I would like ~의 구어체 표현으로써 발음에 유의하길 바란다.

아이 위쉬 아이 쿠드 씽 라이큐
- **I wish I could sing like you.**
(당신처럼 노래를 잘할 수 있으면 좋겠어요.)

와라이 우든 깁 포러 걸프렌드 애즈 뷰티풀 애즈 유어즈
- **What I wouldn't give for a girlfriend as beautiful as yours.**
(당신 애인은 본래부터 아름다웠나요?)

유브 리얼리 갓잇 메이드
- **You've really got it made.**
(당신은 진짜 성공할 겁니다.)
*have(got) it made(성공을 확신하다)

히 해저 스트롱 디자이어 포 리치잰 페임
- **He has a strong desire for riches and fame.**
(그는 부와 명예를 너무도 갈망하고 있어요.)

보이 아이 돈 앤비 유
- **Boy, I don't envy you!**
(이봐, 난 당신이 부럽지 않아!)

Unit 24

동의 · 동감할 때

Okay![오우케이~]는 이제 그만, All-right!도 있잖아요, 네?
동의는 짧고 확실하게, 공감은 굵고 강하게~

Note

상대방의 의견에 동의하거나 일상적인 요청에 수락을 할 때 OK.라는 말을 자주 사용하는데 그밖에도 Sure. / That's all right.라는 표현도 흔히 쓰입니다. 또한, 보다 강하게 "물론."이라는 의미를 나타낼 경우에는 Exactly. / Absolutely. / Definitely. / Certainly. 따위와 같은 부사어를 사용하기도 합니다.

그러나 상대방의 말에 동감을 표현하는 경우에는 우리가 알고 있는 Me, too.라는 표현보다는 Yes, I think so, too. / That's OK with me. / That's all right by me. 따위와 같은 표현을 사용하는 게 좋습니다.

좀더 관용적인 표현을 살펴보자면 That's a good idea.(그거 좋은 생각이군요.) / That sounds good.(그거 좋은데요.)이라는 표현이 있는데 이는 적극적인 의사 표현으로서 유용한 표현인 반면에 I can go along with that.과 같이 표현하게 되면 다소 소극적인 느낌이 내포되어 있기 때문에 피하는 것이 좋습니다.

(잇츠) 오우케이
- **It's OK.**
(좋습니다.)

댓츠 올 롸잇
- **That's all right.**
(물론입니다.)
*동의나 긍정의 응답으로 You bet!(물론! / 맞아!)이라는 표현은 That's right.처럼 널리 사용된다.

이그잭틀리
- **Exactly.**
(그렇습니다. / 맞습니다.)

예스 아이 씽 쏘 투
- **Yes, I think so, too.**
(예, 저도 그렇게 생각합니다.)

미 투
- **Me, too.**
(저도요. / 동의합니다.)
*식당에서 식사를 주문할 때 동료와 같은 것을 고를 때 Same here!(저도요.)라고 대체하여도 무방하다.

댓츠 오우케이 위드 미
- **That's OK with me.**
  (저도 좋습니다. / 동감입니다.)

유 쎄딧
- **You said it.**
  (맞았어. / 자네 말대로야.)

댓츠 더 티킷   퍼펙
- **That's the ticket. Perfect!**
  (바로 그거야. 완벽해!)
  *이와 동일한 표현으로 That's just it. / There you go! / You got it. 등과 같은 표현이 사용되며, 관용적으로 Binggo!라는 표현을 즐겨 사용한다.

잇처 디일
- **It's a deal.**
  (찬성이야. / 좋습니다.)
  *It's OK. / Okay.와 동일한 표현으로 널리 사용되며, 어떤 결정이나 계약을 할 때 That's a deal.(그것으로 결정합시다. / 계약합시다.)라는 표현을 사용한다.

아이 어그리 위쥬
- **I agree with you.**
  (네 말에 동감이야.)

댓츠 츄루
- **That's true.**
  (맞아. / 사실입니다.)

유어 텔링 미
- **You're telling me.**
  (정말이에요. / 그렇군요.)

(유 캔)   쎄이 대러게인
- **(You can) Say that again.**
  (내 말이 그 말이야.)
  *끝음을 올려 표현하면 "다시 한번 말씀해 주세요?"라는 뜻으로 사용된다.

아임 파지티브
- **I'm positive.**
  (틀림없습니다. / 확실합니다.)
  *Are you sure?라는 질문에 대한 응답 표현으로 I'm sure. / I'm certain. / Absolutely! 따위의 유사한 표현이 널리 사용된다.

댓 사운즈 굿
- **That sounds good.**
  (좋아요.)
  *유사한 표현으로 You bet! / Sure thing!하면 강한 동의나 동감을 나타내게 된다.

Unit 25

부정·부인할 때

아줌마의 생각은 분명하게 스스럼없이 표현하라, 뒤탈이 없게……
Yes.와 No.는 아줌마답게…… 화끈하게? 신중하게?

Note

서양인들은 우리와 다르게 의사 표현을 분명하고 스스럼없이 표현하는 걸 종종 봅니다. 우리는 대개 의견에 동의하지 않을 경우에 상대방과의 관계성을 중시하여 직접적인 표현을 회피하거나 우회적으로 표현하는 경향이 있습니다.

우리말에도 부정을 할 경우에 "Never.(전혀!)"라는 부사어를 사용하여 강한 어조로 말을 하게 되는데 영어로도 Exactly not. / Absolutely not. / Definitely not. / Certainly not. 따위와 같이 강한 부정의 의사 표현을 나타냅니다.

특정인을 대상으로 할 경우에 상대의 의견에 동의하지 않을 때는 "I disagree with you."라고 직접적으로 표현을 하거나 아니면 관용적인 표현인 "Count me out.(난 빼줘.)"라는 표현을 사용합니다. 또한 단정적으로 부정할 경우에는 No.라는 부정어를 문두에 위치시켜 표현을 합니다.

그러나 간접적인 표현을 하려고 하면 I'm afraid not ~라는 문형을 사용하여 보다 점잖은 형태의 부정 표현을 이끌어 낼 수가 있습니다.

아이 돈 씽 쏘
- **I don't think so.**
(나는 그렇게 생각하지 않습니다.)

아이 디스어그리
- **I disagree.**
(나는 반대합니다.)
*No way.는 부정의 어감이 상당히 강하게 작용하여 "(절대로) 안 돼."라는 뜻으로 사용된다.

노우 댓츠 낫 롸잇
- **No, that's not right.**
(아니오, 그건 옳지 않습니다.)
*That's not correct.와 동일한 표현이다.

아임 어프레잇 낫 유어 미스테이컨
- **I'm afraid not, you're mistaken.**
(당신 잘못이 아닙니다.)

게라웃 히어
- **Get out of here.**
(농담이죠!)
*원래는 "꺼져!"라는 표현으로 사용되는데 여기서는 Get out of it!(허풍 떨지 마. / 거짓말 매!)과 같은 뜻으로 사용된다.

유 로스 미
- **You lost me.**
(이해가 안 갑니다.)
*"당신 말을 못 알아들었는데요."의 뜻으로 뒤에 부가적으로 Pardon me?나 Say that again?이라고 요청하면 된다.

노 웨이
- **No way.**
(절대 안 돼.)
*강하게 반대하거나 부정할 때 관용적으로 Not a chance. / Fat chance. 등을 활용한다.

Unit 26

부탁·의뢰할 때

무조건 Please!, Excuse me., Thank you.를 입버릇처럼....
아줌마의 콧소리는 무죄? 정도껏 넣어야 받아준다~

Note

일상적인 영어의 표현 중에서도 상대방에게 부탁이나 의뢰를 할 때 어느 정도 예의를 갖출 필요가 있습니다. 왜냐하면 서양인들의 사고(Think in Westerner)는 개인적인 성향이 강하기 때문에 타인에게 베푸는 것도 신중하지만 의지하려는 경향도 적고, 또한 타인에게 피해를 끼치는 행위 자체를 그다지 좋아하지 않습니다.

따라서 서양인들은 〈Please + 명령문〉, 〈명령문 + please〉라는 표현을 유독 많이 사용하는 경우를 볼 수 있습니다. 뿐만 아니라 일상 영어회화시 조동사(can, will, may)를 즐겨 사용합니다. 또한 정중한 표현을 하고자할 때는 조동사의 과거형을 사용하여 Could you ~? / Would you ~?처럼 표현하기도 하며, Do you mind ~?와 같은 문형도 널리 사용합니다. 이럴 경우의 could와 would에는 "가능하다면, 만약 할 수 있다면" 따위의 가정의 뜻이 내포되어 있다고 생각하면 이해하기 쉬울 것입니다. 특히 유의해야 할 표현으로 Won't you ~, please?라는 문형이 있는데 이러한 표현은 상대방에게 허락을 유도하는 표현이므로 "꼭 부탁합니다."의 의미가 강하게 작용합니다.

〈부탁에 관한 응답 표현〉
상대방의 부탁에 대하여 승낙의 표현으로 다음과 같은 표현이 있다.
♠ Certainly.
♠ Of course.
♠ Sure.
♠ Go ahead.
♠ No sweat.
♠ Be my guest.
*거부할 때의 표현으로는 I'm sorry, but I can't.라는 표현이 가장 널리 쓰인다.

부탁을 요청하기 전에 하는 우회적인 표현으로 May I ask a favor of you? / Will you do me a favor? / I have a favor to ask you. / I want to ask you a favor. 따위와 같은 문형을 사용하여 상대방에게 호소하는 듯한 느낌을 줍니다. 물론 상대방의 반응 여하에 따라 수락이나 거절이 결정됩니다. 일반 상점에 들어가면 점원이 먼저 May I help you? 혹은 What can I do for you?라고 물어올 수도 있습니다.

커피 플리즈
- **Coffee, please.**
(커피 좀 주세요.)

플리즈 깁미 댓 매그진
- **Please give me that magazine.**
(잡지 좀 주실래요?)

캔 뉴 헬프 미
- **Can you help me?**
(저 좀 도와주시겠어요?)

*What can I do for you? / Can I help you?(무엇을 도와 드릴까요?)는 정반대로 도움을 요청하는 표현이다.

(윌류)   패스 미더 쏠트
- **(Will you) Pass me the salt?**
(소금 좀 건네주시겠어요?)

*일상적으로 구어에서는 Will you ~?는 생략하여 표현하곤 하는데, 뒤에 please를 덧붙여 주어도 무방하다.

메 아이 비 익스큐즈드
- **May I be excused?**
(실례합니다만? / 죄송합니다만?)

메 아이 애스큐 어 페이버
- **May I ask you a favor?**
(부탁 좀 드려도 될까요?)

*Can you do me a favor? / Will you do me a favor? 등과 같은 표현보다 더 정중한 표현이다.

Unit 27

질문을 할 때

아줌마는 궁금한 건 못참는다꼬? 요즘 아줌마들의 경향이요, 대세다 무턱대고 너무 들이대면 교양 떨어지니까 참을 땐 참자!!!

Note

적어도 상대방의 입에서 (That's a very) Good question!(그거 좋은 질문인데요.)라는 말을 들을 수 있도록 조금만 생각을 한 다음 효과적으로 질문을 합시다.
대화의 시작은 상대방에 대한 관심과 의문으로부터 시작되며, 질문을 하거나 응답을 할 때 가장 핵심적인 부분이 6하원칙인데 그 출발점이 바로 5W1H(who, when, where, what, why, how) 이며, 영어에서는 선택의 which가 추가로 사용되고 있습니다.
우리는 흔히 질문이라고 하면 의문문만 떠올리게 되지만 실상 의문문 못지않게 다른 방법으로 다양하게 표출됨을 엿볼 수 있습니다. 일반적인 의문문에는 문두에 조동사나 be동사가 위치함을 원칙으로 합니다.

[질문유형의 6가지 방법과 형태]
Pattern 1. 부가 의문문형
평서문의 뒤에 의문문의 생략형을 부가하는 용법으로 보통 긍정문에는 부정 의문문의 생략형을 덧붙이고, 부정문에는 긍정 의문문의 생략형을 덧붙여 준다. 단, 확인이나 다짐을 나타낼 경우에는 내림조로 하며, 상대방에게 질문을 하는 경우라면 올림조로 한다.

You're tired, aren't you?(피곤하십니까?)
Then you won't help me, will you?(나를 도와줄 수 없나요?)

Pattern 2. 일반 의문문형
문두에 주로 조동사나 be동사를 이용한 의문문의 형태를 의미하며, 문미에 반드시 의문부호(?)를 덧붙여 준다.
May I help you?(나 좀 도와줄래요?)
Is there anything I can do for you?(뭘 도와드릴까요?)

Pattern 3. 의문사가 있는 의문문형
단지 문두에 의문사(5W1H)가 위치할 뿐 의문문과 동일한 형태를 취한다.
What do you think of my hair style?(내 머리스타일 어때요?)
How would you like your coffee?(커피 맛있어요?)

Pattern 4. 회화에서의 의문문형
회화에서는 간약형을 자주 사용하며, 평서문도 문미에 억양을 올려줌으로써 의문의 어감을 취하는 경우도 있다.
Your name, please(↗)?(이름이 뭐죠?)
You know how to use this machine(↗)?(이 기계의 사용법을 아나요?)

Pattern 5. 선택 의문문형
특히 기호를 나타내는 것으로서 둘 이상의 것 중에 어떤 것을 선택할 것이냐?를 ~, A(↗) or B(↘)?형태로 나타낸다.
Which would you prefer, beer or wine?(맥주와 와인 중에 어떤 걸 좋아하나요?)
Did you order tea or coffee?(커피와 차를 주문했나요?)

Pattern 6. 간접 의문문형
평서문이지만 문두에 I wonder ~ / Let me know ~ 따위의 문형을 이용하여 간접적으로 의문의 뜻을 피력하는 방법이 있다.
I wonder if it'll rain tomorrow.(내일 비가 올 것 같아요.)
Let me know when you'll arrive in Seoul.(서울에 도착할 시간을 알려주세요.)

왓츄어 네임
● **What's your name?**
(당신의 성함은 어떻게 됩니까?)
*다소 정중한 표현으로는 May I ask your name?의 문형이 사용된다.

와리즈 디스
● **What is this?**
(이것은 무엇입니까?)
*이유나 용무를 묻는 표현은 What is(was) it?(그게 뭡니까?)라고 표현한다.

후 이즈 댓
● **Who is that?**
(저 분은 누구십니까?)
*상대방이 보이지 않는 상황(전화, 문밖)에서 Who is it?(누구세요?)이라는 표현을 사용한다. 가령, Who's there?라고 표현해도 무방하다.

웨어리즈 더 스테이션
● **Where is the station?**
(역은 어디에 있습니까?)

웬 윌 위 어라이브 인 롬
● **When will we arrive in Rome?**
(로마에 언제 도착합니까?)

하우 캔 아이 겟 투 김포 에어폿
● **How can I get to Kim-po Airport?**
(김포 공항에는 어떻게 갈 수 있습니까?)

왓 브링스 유 히어
● **What brings you here?**
(여기는 어쩐 일이십니까?)
*용건이나 용무를 물어보는 표현인데 What is your business here?와 동일한 표현이다.

웨어 엠아이
● **Where am I?**
(여기가 어디입니까?)
*Where was I?(어디였더라?)는 책을 다시 읽고자 할 때 사용하는 표현이다.

Unit 28

반문·되묻기를 할 때

뭐든 물어볼 때 Excuse me.부터 시작하면 다 통한다.
무작정 What?부터 시작하면 교양을 의심받게 된다는 사실에 유념하자!

Note

원래 되묻는 반문은 우리들에게는 그다지 익숙해져 있는 표현은 아닙니다. 그것은 아마도 한국인의 민족적인 성향과 무관하지 않을 것입니다. 왜냐하면 조금은 무례하다는 선입견 때문일 것입니다.

반문은 이해가 되지 않거나 전혀 예상하지 못한 얘기를 들었을 경우에 거의 "뭐라고?"의 뜻이 함축된 What?이나 What's that?과 같은 표현이 일반적으로 쓰여지며, 또한 이해가 가지 않을 때 Sorry, I don't quite get you. / I can't follow you. / I couldn't make that out. 따위의 문형을 활용합니다.

[반문의 어기를 나타내는 표현법]
- ♠ 되묻기를 요청할 때, Come again?
- ♠ 상대방의 발음에 문제가 있을 때, Repeat that? *Could you repeat what you said about that?
- ♠ 자신이 주의력을 기울이지 아니한 때, I can't follow you.
- ♠ 상대방의 말을 믿을 수 없을 때, What was it?
- ♠ 재확인의 의도로써 되묻는 경우, What did you say?
- ♠ 상대방의 생각에 대한 우려를 표시할 때 등

반문과 관련된 되묻기 표현은 상대방에게 무례하지 않는 범위 내에서 다소 정중하게 표현할 필요가 있습니다. "다시 한번 말씀해 주시겠어요?"라고 요청할 때 I beg your pardon?(Pardon me?)이라는 문형을 즐겨 사용하는데 그밖에 Could you say that again? / Could you repeat that, please? 등을 사용합니다. 이런 표현을 할 때 다소 정중하게 물어보아야 하는데 I'm sorry.나 Excuse me.라는 표현을 서두에 먼저 표현한 다음 I didn't hear well. / I don't understand. / I don't know. / You lost me. 등을 말하면 됩니다.

일반적으로 상대방의 말을 잘못 알아들었을 경우에 사용하는 공식표현은 I'm sorry, I didn't understand what you were saying.인데 친한 사이가 아니라면 Please come again.이나 What did you say?, 윗사람이라면 Pardon me.를 활용하면 되는데 구어에서는 Excuse me.를 그다지 사용하지 않는 편이다.

왓
- **What?**
(어째서? / 무엇이라고?)

*이유를 묻는 표현법인데 What's that?(그게 뭔데?) / What for?(어째서?) 등과 유사하게 활용된다.

아이 돈 빌리브 디스
- **I don't believe this!**
(믿을 수 없어!)

*Huh? / Eh?라는 표현만으로도 대신하기도 한다.

익스큐즈 미
- **Excuse me?**
(뭐라구요?)

*I'm sorry, I can't follow you.(죄송하지만 모르겠어요.)라는 문형이 formal한 문장이다.

파든 미
- **Pardon me?**
(다시 한번 말씀해 주시겠어요?)

*I beg your pardon?의 줄인 표현이며, 또한 용서를 구할 때도 사용된다.

아임 어프레이드 아이 돈 언더스탠-
- **I'm afraid I don't understand.**
(나는 이해할 수 없군요.)

와라유 토킹 어바웃
- **What are you talking about?**
(도대체 무슨 소리야?)

*What on earth does you means?라는 표현으로 대용해도 무방하다.

유 리얼리 룩 쉐이커넙
- **You really look shaken up!**
(너 정말 충격 받았군요!)

*shake up은 다소 불쾌한 소식이나 행위에 대한 표현으로 사용된다.

(쿠쥬) 쎄이 댓 어겐
- **(Could you) Say that again?**
(다시 한번 말씀해 주실래요?)

우쥬 리핏 댓 플리즈
- **Would you repeat that, please?**
(한번 더 말씀해 주시겠어요?)

왓 디쥬 쎄이
- **What did you say?**
(뭐라고 하셨죠?)
*재확인의 질문이지만 결국 다시 말해달라고 부탁할 때의 관용표현이다.

Unit 29

예정·계획을 말할 때

아줌마의 첫 번째 소원은 아들, 딸이 잘되는 것이고, 두 번째도……!
늘 횡재를 꿈꾸지만 현실은 가계부를 꾸려가는 소박한 인생?

Note

자신의 예정이나 계획을 상대방에게 말할 때 I hope to ~ / I wish to ~ / I want to ~ / I'd like to ~ / I'm dying to ~ / I feel like -ing ~ 등의 유형이 활용됩니다.

일상적으로 무엇이 구체적으로 어떻게 되었으면 하는 바람이나 기대가 내포된 문장에는 어김없이 expect, anticipate, consider, predict, guess 등의 동사가 뒤따릅니다. 이러한 뜻으로 쓰이는 어구에는 expect to, look forward to, count on 등과 같은 숙어가 주로 이용됩니다.

그러나 막연한 바람을 나타낼 경우에는 가정법을 이용하여 나타내는 것이 좋습니다. 왜냐하면 결과에 대한 기대치가 좋은 결과만을 향해 있고, 진행되고 있는 일에 대한 결과는 모르기 때문입니다.

[예정/계획을 나타낼 때의 표현법]
♠ I'm going to ~(~하려고 합니다.)
♠ I'm thinking of -ing ~(~을 할까 생각중입니다.)
♠ I'm planing to ~(~할 계획입니다.)
♠ I intend to ~(~할 작정입니다.)
♠ I'm considering -ing ~(~할까 고려중입니다.)

일반적으로 "~하기를 기대하다"의 문형에는 I'm looking forward to ~가 가장 널리 활용되며, 그 반대되는 뜻으로 활용되는 표현으로는 "기대 안 해."의 관용 표현에는 Wouldn't count on it. / I wouldn't bet on it. 등이 주로 사용됩니다. 그밖에 "가망이 거의 없다."라는 관용적인 표현으로 The chances are slim. / There is a slim possibility. / There is a slight chance. / It's impossible. 등이 있습니다.

아임 고잉 투 더 스테이션
- **I'm going to the station.**
  (나는 역으로 가는 길입니다.)
  *be going to는 구어체에서 gonna[고너]로 발음되므로 표현에 유의해야 한다.

아이 익스펙 투 트래블 어보드 디스 썸머
- **I expect to travel abroad this summer.**
  (이번 여름에 해외여행을 갈 작정입니다.)

위 앤티씨패잇 원 헌더릿 게스츠 앳 더 리셉션
- **We anticipate 100 guests at the reception.**
  (그 환영회에 100명의 손님을 초대할 겁니다.)

아임 게싱 댓 쉬 윌 윈 더 컨테스트
- **I'm guessing that she will win the contest.**
  (그녀가 시험에 합격할 거라고 생각합니다.)

데이아 프리딕팅 레인 포 디스 위캔드
- **They're predicting rain for this weekend.**
  (이번 주말에 비가 올 거라고 예보했어요.)

히스 루킹 포워드 투 더 파티 온 새러데이
- **He's looking forward to the party on Saturday.**
  (그는 토요일 파티를 몹시 고대하고 있습니다.)

Unit 30
제안·권유할 때

나이트클럽에서 Shall we dance ~?라고 누군가 대시하면 한번쯤은 튕겨 줘야~ 아줌마, 제비한테 속지 말고 냉수(cold water) 먹고 속 차리자???

> **Note**
>
> 보통 상대방에게 무엇을 권유하거나 제안할 때 우리식 표현은 "~합시다, ~하실까요?"라고 표현할 수 있겠으나 영어에서는 자신의 바람이 내포된 문장 표현을 나타내기 때문에 청유형으로 나타내는 경우가 허다합니다.
> 주로 Why don't you ~? / Let's ~ / How about ~? / Do you want to ~? / Don't you ~? / We'd like to ~ 등과 같은 문형이 널리 활용되고 있습니다.
> 또한, 제안·권유에 대하여 받아들이는 태도가 매우 중요한데 그 응답 표현으로 OK. / All right. / Please do. / That's a good idea. / That sounds good. 등의 긍정적인 경우가 대부분입니다. 하지만, 거절할 경우에는 No, thank you. / Thank you, but I'd rather not. / I don't feel like it. / I'd love to, but ~. 등과 같은 어느 정도의 예의를 갖추어 사양해야 합니다.

제안이나 권유하는 방법

상대방에게 허가나 승낙을 구할 때 활용하는 May I ~?라는 표현법과 구분하여 사용하도록 하자.

♠ 제안의 형태 : Shall I ~? / Why don't you ~?
♠ 권유의 형태 : Would you like to ~? / Won't you ~? / Would you care for ~?
♠ 청유의 형태 : Let's ~ / Why not~? / Shall we ~?
♠ 여부의 형태 : What about ~? / How about ~? / Why don't you ~?

렛츠 플레이 테니스
- **Let's play tennis!**
  (우리 테니스 칩시다.)

두 유 원- 투 고 골핑 위더스
- **Do you want to go golfing with us?**
  (우리와 함께 골프 치러 가시겠어요?)

하우 어바우러 드링- 디스 이브닝
- **How about a drink this evening?**
  (오늘 저녁에 한 잔하는 게 어때?)

와이 돈 츄 컴 얼롱 포 더 라이드
- **Why don't you come along for the ride?**
  (함께 참석하는 것이 어때?)
  *Why don't you ~?는 구어체에서 Why not ~?으로 생략하여 표현하곤 한다.

컴 스킹 위더스 디스 위캔-
- **Come skiing with us this weekend!**
  (이번 주말에 우리와 함께 스키 타러 갑시다!)

아유 프리 투 죠이너스 디스 이브닝
- **Are you free to join us this evening?**
  (오늘 저녁에 우리 만날 수 있나요?)

위드 라이큐 투 컴 투 아워 파티
- **We'd like you to come to our party.**
  (파티에 와 주시겠어요.)

헬프 유어쎌프
● **Help yourself.**
(맘껏 드세요.)

*주로 앞이나 뒤에 please라는 어휘를 덧붙여 사용한다.

고 포릿
● **Go for it.**
(한번 시도해 봐!)

*그밖에도 "드십시다."나 "해봅시다.", "화이팅!"이라는 뜻으로도 활용된다.

트라이 잇 어게인
● **Try it again.**
(다시 한번 해봐라.)

*앞에 Why not ~? / Let me ~ / You had better ~ / Let's ~ 등과 문형이 생략된 표현법으로써 상대방에게 용기를 주는 표현으로도 활용된다.

제안이나 권유를 할 때 유의해야 할 점은 손윗사람에게 What about ~? / How about ~? / Why don't you ~? 등과 같은 표현은 삼가야 한다.

Unit 31

허가·허락을 구할 때

아줌마, 무조건 Please![플리즈~]만 있으면 무사통과, 만사 Okay?
허가를 구할 땐 소심하게 굴지 말고 좀 당당하고 야멸차게~

Note

상대방에게 허가나 동의를 구할 경우에 거의 조동사를 이용하여 Can I ~? 혹은 May I ~?를 주로 활용하며, 그밖에 I'd like to ~ / Let me ~ / I wonder ~ / Do you mind ~? 등의 문형이 사용됩니다.
직접적인 요구의 표현은 위와 같은 문형을 활용하지만 간접적으로 표현하는 방법에는 I'd like to ~라는 문형을 사용하기도 하며, 의문문에 if절을 이용하여 나타내기도 합니다.
또한, 보다 정중하게 표현할 때는 조동사의 과거형을 사용하여, please를 동사 앞에 두어 나타내기도 하며, Do you mind if ~?와 같은 문형을 사용합니다.

♠ 자리를 바꾸거나 앉을 때,
♠ 물건을 빌리거나 사용하고자 할 때,
♠ 기계의 작동을 켜고 끌 때,
♠ 어떤 것에 대해 승인이나 허락을 받고자 할 때,
♠ 상대방과 관련된 행위를 할 때 등등

허가나 동의를 나타내는 질문에 대한 응답 표현에는 Yes, it is.

도 있지만 That's right. / Sure. / Okay. / Exactly. / Of course. / Why not? / I think so. / I agree with you. / Be my guest. 등이 있습니다. 물론 상황에 따라 그 의미는 약간 다르게 사용됩니다.

캐나이 바로우 유어 펜슬
- **Can I borrow your pencil?**
(펜 좀 빌릴 수 있을까요?)

메아이 씻 히어
- **May I sit here?**
(여기 앉아도 됩니까?)
*허가를 묻는 표현인데 Is this seat taken?(자리 비었습니까?)과 유사한 표현이다.

이짓 오우케이 이파이 리브 어얼리
- **Is it OK if I leave early?**
(일찍 출발해도 괜찮습니까?)

쿠다이 플리즈 유즈 디스 텔러폰
- **Could I please use this telephone?**
(전화 좀 사용해도 됩니까?)
*Do you mind if I use your phone?과 동일한 표현이다.

두유 마인- 이파이 턴 온 더 힛
- **Do you mind if I turn on the heat?**
(히터를 켜도 괜찮겠습니까?)
*응답 표현으로는 Of course not.(물론입니다.)라고 하면 된다.

메 아이 커민
- **May I come in?**
(들어가도 됩니까?)
*Come in, please.(들어오세요.)는 이와 반대로 손님에게 요청하는 표현이다.

렛 미 인트러듀스 마이셀프
- **Let me introduce myself.**
(제 소개를 해도 될까요?)
*Let me ~라는 문형은 상대방에게 사정이나 부탁을 하는 어감이 강하게 작용한다.

Unit 32

사정·약속을 문의할 때

Zummarella
아줌마의 스케줄은 고무줄인데 그때그때마다 달라요!
아줌마와 약속을 잡으려면 하늘의 별따기, 미리미리 챙기세요?

Note

주로 특정한 기간과 관련된 상대방의 사정이나 계획을 알고자 할 경우에 활용되는 표현으로서 What are you doing ~? / Do you have any plans ~? / Do you have any proposal ~? / Are you free(busy) ~? 따위의 문형이 널리 표현되고 있습니다.

그러나 상대방의 견해를 묻는 표현에는 의문사 what이나 how를 사용하여 What do you think of ~? / How do you feel about ~? / How do you like ~? 와 같이 물어보면 됩니다.

일반적으로 예정·계획·의도를 나타내는 관용적인 숙어를 동반하는 경우가 허다합니다. 가령 be going to, be planning to, intend to, expect to, be supposed to 에는 다소 어감의 차이는 있으나 동일한 뜻을 지닌 표현으로 활용됩니다.

보다 완곡한 표현 방식으로 I think I'll ~이라는 표현도 이용해도 무방하며, 여기서는 주로 상대방의 견해를 묻는 표현으로써 활용됩니다. 서양인들은 약속문화가 지배적이라서 거의 모든 사회체제에 예약제가 발달되어 있습니다.

와라유 두잉 디스 위캔- 헬런
- **What are you doing this weekend, Helen?**
(헬렌, 이번 주말에 무엇을 할 작정입니까?)

두유해브 애니 플랜즈 포 쎄러데이
- **Do you have any plans for Saturday?**
(토요일날 어떤 계획이 있으세요?)

아유 프리 투마로우 앺터눈
- **Are you free tomorrow afternoon?**
(내일 시간 있으십니까?)

아 유 비지 디스 이브닝
- **Are you busy this evening?**
(오늘 저녁 바쁘십니까?)

아이드 라이크 투 메이컨 어포인먼- 포러 컨썰테이션
- **I'd like to make an appointment for a consultation.**
(상담 약속을 정합시다.)
*make an appointment(약속을 정하다)

캔뉴 메이크 더 쎄븐 에이 엠 플라잇 포 토-쿄
- **Can you make the 7 a.m. flight for Tokyo?**
(동경행 오전 7시편을 예약할 수 있습니까?)

하우 어바웃 씩스 써리
- **How about 6 : 30?**
(6시 30분은 어떻습니까?)

Unit 33

금지·반대를 할 때

아줌마, 찬성인가요, 반대인가요? Are you for it or against it?
아줌마의 난센스(nonsense)는 유죄냐? 무죄냐?; 무죄, 땅땅땅!!!

> **Note**
>
> 금지나 반대의 표현은 대개 어감이 강하게 작용하므로 대부분 〈조동사 + not〉을 사용하여 나타냅니다. 또한 stop과 같은 동사 자체적으로 금지나 반대의 뜻으로 사용되는 것도 있습니다. 상대방에게 〈찬성〉여부를 물을 경우에는 Are you for it?이며, 〈반대〉여부를 물을 경우에는 Are you against it?이라고 표현하면 됩니다.
>
> ♠ 금지할 때 : Don't + 일반 동사
> ♠ 허락을 하지 않을 때 : be not allowed to ~ / There is no ~ing allowed.
> ♠ 무엇인가를 반대할 때 : set against / oppose
> ♠ 반대의 의견을 피력할 때 : I don't think ~
>
> 상대방이 어떤 의견을 물어왔을 경우에 이에 대한 반대의 응답 또한 확실하게 의사 표시를 할 수 있도록 I don't think so. 처럼 부정의 응답 표현을 익혀 두어야 합니다.
> 강한 부정의 표현에는 Never! / Certainly not. / Absolutely not. / Of course not. / Definitely not. 등과 같은 표현이 활용

됩니다.
"천만에요."라는 의미로는 Oh, no. / Not at all. / Far from it. 이 주로 사용되며, "설마!"라는 의미로는 It can't be possible. / It can't be true. / I can't believe it. / Impossible. / Incredible. 등이 있습니다.

그만 둬!, 그만 해!
Stop it! / Cut it out! / Cut it off! / Quit it! / Knock it off! 등.

스탑 댓
- **Stop that!**

(그만 둬!)

*Stop it! / Cut it out!(그만 둬!, 닥쳐!)라는 표현으로 널리 사용된다.

앱썰루러리 낫
- **Absolutely not!**

(말도 안 돼! / 절대로 안 돼!)

*속어로 No way! / Not on your life. / Not a chance. / Fat chance.라는 표현도 즐겨 사용한다. 또한 Don't give me that[nonsense / rubbish].(그런 소리 하지도 마!)이라는 표현으로 대체할 수 있다.

커리라웃   유 싸운드 라익 마이 마더-
- **Cut it out! You sound like my mother.**

(그만 좀 해요! 당신은 꼭 엄마처럼 말하는군요.)

*Knock it off!도 동일한 표현으로 사용된다.

유 캔- 스목 히어
- **You can't smoke here.**

(여기서는 담배를 삼가해 주세요.)

*Stop Smoking(흡연 금지)이라는 표현에도 유의하자.

플리즈 돈 터치 디 아이텀스 온 디스플레이
- **Please don't touch the items on display.**

(전시품을 만지지 마십시오.)

데어즈 노 파킹 얼라우드
- **There's no parking allowed.**

(주차하지 마십시오.)

*No Parking(주차 금지) 표시판에 유의하길 바란다.

노우 아이 돈 씽쏘
- **No, I don't think so.**
  (아니오, 그렇게 생각하지 않습니다.)
  *I don't think you should do that.(그렇게 하지 않는 게 좋겠어요.)

아임 토러리 어포즈드 투 유어 아이디어
- **I'm totally opposed to your idea.**
  (전적으로 당신의 의견에 반대합니다.)

아이드 럽투 버라이 리얼리 캔-
- **I'd love to but I really can't.**
  (그러고는 싶지만 정말 안돼요.)
  *유사한 표현으로 (I'm) Sorry, but I can't.도 쓰인다.

노 땡스
- **No thanks.**
  (고맙지만 사양할게.)

Unit 34

판단·결심이 서지 않을 때

일단 결정하면 아줌마는 뒤를 돌아보지 않는다?
대한민국 최고경영자인 CEO(chief executive officer)는 아줌마다!!!

> **Note**
>
> 어떤 상황에 처했을 경우에 어떻게 판단을 내려야 할지 모를 때 I can't decide on ~ / I don't know ~ / I'm afraid ~ / I can't figure out ~ 등과 같은 문형으로 답변을 하면 됩니다. 이와 관련된 표현도 조동사의 부정을 이용하여 어감을 강하게 나타냅니다.
>
> ♠ 결정하다 : decide on, make one's decision
> ♠ 이해하다 : figure out
> ♠ 결심하다 : make up one's mind
> ♠ 당황하다 : be at a loss, in a hurry, be at one's wit's end
> ♠ 곤란하다 : be in a fix, be hard to deal with
>
> 또한 주로 상대방이 이유나 여부에 대한 응답 표현으로 긍정적인 응답으로는 I see. / I understand. / I know. / I got it. 등이 주로 활용되며, 부정적인 응답 표현으로는 I don't know. / I have no idea. / Not really. / Beats me. / Search me. / You've got me. / I don't have the slightest idea. / I can't make heads or tails of it. 등과 같은 표현으로 사용됩니다.

아이 캔 디사이드 온 더 스팟
- **I can't decide on the spot.**
  (즉석에서 결정할 수 없어요.)

아이 돈 노 왓 투 두
- **I don't know what to do.**
  (어떻게 해야 할지 모르겠습니다.)
  *I was at a loss what to do. / I don't know at a loss. 등으로 대용해도 무방하다.

아임 컨퓨즈드
- **I'm confused.**
  (나는 난처합니다. / 나는 당황스럽습니다.)
  *"I'm stumped.(난 어찌할 바를 모르겠습니다.)"라는 뜻으로도 사용된다.

아이캔 피규어 아웃 와이 쉬 쌧댓
- **I can't figure out why she said that.**
  (그녀가 왜 그렇게 말했는지 이해할 수가 없어요.)
  *I'm puzzled as to why she said that.도 유사한 표현이다.

유브 로슷 미
- **You've lost me.**
  (이해가 안 갑니다.)
  *I don't know. / I don't understand. / I don't follow you. 따위와 유사한 표현이다.

아임 스틸 낫 슈어 옛
- **I'm still not sure yet.**
  (아직 잘 모르겠어요.)
  *I haven't decided yet.(아직 결정 못했어요.)와 유사한 표현으로 사용된다.

유브 갓 미
- **You've got me.**
  (모르겠습니다.)
  *관용 표현으로 (It) Beats me. / (You can) Search me. / Who knows? 따위와 동일한 표현이며, 원래의 뜻은 "나는 너에게 두손 두발 다 들었다." 혹은 "너한테 졌다."라는 의미로 사용된다.

Part 1. 상황별 영어회화

아이 돈 해브 더 스라이티슷 아이디어
- **I don't have the slightest idea.**
  (전혀 모르겠는데요.)
  *Not the slightest idea. / Not the vaguest idea. / Not the faintest idea.라고 표현할 수도 있다.

아이 캔 메익 헤즈 오어 테일즈 오빗
- **I can't make heads or tails of it.**
  (그것이 어떻게 될지 모르겠어요.)
  *동전을 던져 어느 쪽이 나오는가?를 맞힐 때를 나타내는 관용표현으로 "make heads or tails(앞뒤를 결정하다)"라는 뜻으로 활용된다.

이츠 온 더 팁 옵 마이 텅
- **It's on the tip of my tongue.**
  (기억이 잘 안 납니다.)
  *무언가를 알고 있긴 하는데 갑자기 기억이 나질 않을 때 유용한 관용 표현으로 사용되며, 그러나 갑자기 생각이 떠오를 경우에는 That rings a bell.이라고 표현한다..

Unit 35

견해를 피력할 때

아줌마, 너무 들이대면 어떡해? 정도껏 좀 혀유~
우쥬 플리즈(Would you please ~?) 꺼져줄래? 관심 좀 끄시지???

Note

자기 자신의 견해나 의견을 피력하는 표현은 권유의 표현과 거의 대동소이합니다. "~하시죠?, ~하는 게 어때?, ~하시지 그래요?"의 뜻으로써 Let's ~ / I think ~ / May I suggest ~? / Why not ~? / Shall I ~?와 같은 문형이 주로 사용됩니다.
또한, 어떤 문제에 관하여 사실이나 진실을 이야기할 경우에 The problem is that ~(문제는 ~이다.) / The fact is that ~(사실은 ~이다.) / The point is that ~(요점은 ~이다.) / The truth is that ~(진실은 ~이다.) 따위와 같이 다양하게 자신의 견해를 드러낼 수도 있습니다.
주로 제안과 관련된 단어로는 propose, suggest, adopt, consider, decide 등의 동사류가 활용되며, 제안할 때는 상대방의 입장을 고려해서 질문을 해야 합니다.
관용적으로 Would you mind if I gave you a suggestion?(한 가지 제안을 해도 괜찮겠어요?)라는 표현과 같이 상대의 태도를 먼저 확인하는 과정이 필요할 때도 있습니다.
일반적으로 견해를 밝히고자 할 때 서두에 In my opinion, ~ / In my case,~ / As far as I'm concerned,~ / Excuse me for

interrupting, but ~ 등과 같은 어구를 사용하여 제안을 보다 부드럽게 나타내려는 경향이 있습니다.

그 밖의 관용 표현으로 "그게 좋겠어요."라는 뜻으로 That's more like it. / That's much better. / That's about right. 등이 활용됩니다.

- **Let's go this way.**
  레츠 고 디스 웨이
  (이 방법으로 합시다.)

- **I think we should do it.**
  아이 씽크 위 슛 두 잇
  (그걸 해야만 할 것 같아요.)

- **Why don't we discuss it tomorrow?**
  와이 돈 위 디스커씻 투마로우
  (내일 의논하는 게 어때?)

- **Shall I call you back later?**
  쉐라이 콜 유 백 레이러
  (나중에 전화해도 될까요?)

- **He suggested we stay here.**
  히 서제스티드 위 스테이 히어
  (그는 우리에게 여기에 머물러 달라고 제의했어요.)

- **How do you feel about postponing?**
  하우 두 유 휠 어바웃 포슷포닝
  (연기하는 게 어때?)

- **I would rather not decide at this time.**
  아이 웃 래더 낫 디싸이댓 디스 타임
  (지금 결정하지 않는 게 좋겠어요.)

- **I propose that we reconsider.**
  아이 프러포즈 댓 위 리컨씨더
  (재고하는 것이 좋겠어요.)

아일 페이 포 잇
- **I'll pay for it.**
  (제가 계산할게요.)
  *It's on me.라고도 하지만 Let's go Dutch.(각자 계산합시다.)라는 관용표현도 즐겨 사용한다.

렛츠 키핀 터치
- **Let's keep in touch.**
  (서로 연락하고 지내요.)
  *구어에서는 전화나 편지 따위를 통해서 서로 Keep in touch.하자는 뜻이다.

잇 비츠 미
- **It beats me.**
  (알다가도 모르겠군! / 모르겠어요.)
  *자신이 어떤 것에 포기 상태를 나타낼 때 This beats me.(이것에 두 손 들었다.)라고 표현할 수 있다.

잇 디팬즈 온 유
- **It depends on you.**
  (전적으로 당신한테 달려 있어요.)
  *It's up to you.라고 표현해도 무방하다.

와리즈 유어 퍼스낼러리 라이크
- **What is your personality like?**
  (당신의 성격은 어떻습니까?)
  *성격에 관한 응답 표현으로 friendly(다정하다), outgoing(개방적이다), cheerful(명랑하다), optimistic(낙천적이다), sociable(사교적이다), extrovert(외향적이다), introvert(내성적이다), shy(소심하다) 따위가 있다.

Unit 36

도움을 요청할 때

헬프미? 헬프미? 도와줘요. 뽀빠이~
아줌마, 보조(assistant), 비서(secretary), 헬퍼(helper) 하나 키우시죠?

Note

일반적으로 자기 자신이 상대방에게 도움을 요청할 때 친한 경우라면 문제가 없지만 그다지 친분이 없는 경우라면 보다 정중한 태도를 취할 필요가 있습니다.

도움을 요청하는 표현으로는 Can you help me? / Give me a hand, please. / I want you to ~ / I'd like ~ 등과 같은 문형을 사용하여 표현하곤 합니다.

쇼핑을 가거나 여행을 할 때 인포메이션 같은 곳에서 도움을 요청하지 않았는데도 상대방이 먼저 May I help you? / What can I do for you?(무엇을 도와 드릴까요?)라고 묻는 경우도 있습니다.

아줌마는 결코 kiss of death(죽음의 키스)를 두려워하는 법이 없습니다. 물불을 가리지 않는 아줌마의 불도저와 같은 추진력은 존중받아야 마땅합니다.

[유용한 관용표현]
♠ serve two ends(일거양득)
♠ the service department(애프터서비스 부서)
♠ Thanks to God(신의 은총)
♠ HTH〈전자메일·문자메시지〉 *hope this helps(도움이 되기를 바란다)

깁미 어 핸- 윗디스 플리즈
- **Give me a hand with this, please.**
 (이것 좀 도와줄래요.)

캔 뉴 헬프 미
- **Can you help me?**
 (조금만 도와주실래요?)

아이 원츄 투 백 미 업
- **I want you to back me up.**
 (당신이 날 지지해 주길 바랍니다.)
 *back one's up(후원하다, 지지하다)

썸바디 헬프 미
- **Somebody help me!**
(좀 도와주세요!)
*"살려주세요."라는 뜻으로도 활용된다.

아이드 라이큐어 어드바이스
- **I'd like your advice.**
(저에게 충고 좀 부탁합니다.)

잇을 비 이-져 잎위 웍 투게더
- **It'll be easier if we work together.**
(우리가 함께 일하면 더 쉬울 텐데.)

우쥬 랜-미 유어 어시스턴스 인 디스 매러
- **Would you lend me your assistance in this matter?**
(이 문제 좀 도와줄래요?)

Unit 37

권고 · 충고를 할 때

아줌마, 너무 should를 사랑하면 안 돼요~
좋은 충고는 약이 되지만 나쁜 충고는 독이 될 수 있다?

Note

상대방에게 약간 구속하는 듯한 느낌을 표출함으로써 "권유"의 표현 형태가 오히려 권고·충고의 느낌을 주게 됩니다. 가령 Let's ~ / Why don't you ~? / How about ~? 등은 오히려 권유의 의미가 더 크게 작용하고 있습니다.

직접 동사를 통하여 '권고'의 뜻을 나타내려면 advise, recommend, suggest 등을 이용하여 직설적으로 표현하기도 하지만 I hope ~ / I'd accept ~ / I'd like to ~ 등과 같이 보다 간접적으로 권유의 형태를 띠게 됩니다.

또한, 자신보다 아랫사람이나 친한 사이라면 조동사 should, must, ought to를 이용하여 어감을 강하게 표출하여 나타내기도 합니다. 그러나 공손하고 정중하게 표현하려면 Would you like to ~?와 같은 문형을 통하여 나타내면 오히려 뜻은 약하게 작용합니다.

- **You should try on this jacket. It'll look great on you.**
  (이 재킷을 당신이 입으면 너무 잘 어울릴 것 같아요.)

- **This is my favorite book. I hope you'll enjoy it, too.**
  (이건 내가 좋아하는 책인데 너도 좋아했으면 합니다.)

- **I suggest you take this course of action.**
  (이 방침을 당신이 받아들이길 바랍니다.)
  *this course of action(이러한 방침)

- **You ought to study harder, Harry.**
  (해리야 넌 좀 더 열심히 공부해야 한다.)

- **My advice is to take plenty of exercise in the open air.**
  (바깥에서 충분한 운동을 하길 권고합니다.)
  *I advise you to ~로 표현할 수도 있다.

- **If I were you, I'd accept his offer.**
  (내가 당신이라면 그의 제안을 받아들일 겁니다.)

Unit 38

수락 · 결정할 때

이 험한 세상에 아줌마를 정의의 사도(apostle of justice)로 임명합니당~
아줌마를 이길 자 그 누구인가?

Note

이미 OK.라든지 All right.과 같은 표현은 우리말과 다름없을 정도로 익숙해져 있는 상태이지만 이러한 표현은 상대방의 의견에 동의 · 승인할 경우에도 쓰입니다. 어떤 사항이나 제안 따위가 자신에게 왔을 경우에 납득, 승낙, 찬성 등을 나타내는 표현으로도 쓰이곤 합니다.

♠ 어떤 제안에 동의할 경우 :
    I agree with you.(동의합니다.)

♠ 어떤 것을 선택 · 결정할 경우 :
    I think so, too.(저도 그렇게 생각합니다.)
    I'll do it.(그렇게 합시다.)

♠ 물건을 살 경우 :
    That's good.(그게 좋겠군.)

♠ 계약을 체결할 경우 :
    I'll buy that.(그렇게 합시다.)

♠ 의견·생각에 찬성할 경우 :
　You've said a mouthful there.(지당하신 말씀입니다.)
　I'm for it.(그것에 동감합니다.)
　You said it.(당신 말이 옳습니다.)

상대의 말에 동의하지 않을 때에는 스스럼없이 I don't think so. / I don't agree with you. / I don't believe so. / I'm against it. 등과 같이 확실한 의견을 제시할 필요가 있습니다.

오우케이 아일 두 잇
- **OK, I'll do it.**
  (네, 그렇게 합시다. / 그러겠습니다. / 좋습니다.)

아이브 디싸이리드 투 바이 어 모러싸이클
- **I've decided to buy a motorcycle.**
  (나는 오토바이를 사기로 결정했어요.)

리브 에브리씽 업 투 미
- **Leave everything up to me.**
  (모든 걸 제게 맡겨 주세요.)
  *상대방에게 "나한테 맡겨주세요."라고 할 때 Leave it to me. / I'll take care of it. 등과 같은 표현을 활용한다.

댓츠 올 라잇 윗 미
- **That's all right with me.**
  (나는 괜찮아요. / 나는 상관하지 마세요.)
  *It's OK with me.(난 괜찮아.)

아이브 메이럽 마이 마인- 낫 투 고
- **I've made up my mind not to go.**
  (가지 않는 것은 내 맘에 달렸습니다.)

댓츠 오우케이 바이 어스
- **That's OK by us.**
  (우리 모두는 찬성입니다.)

비 마이 게스트
- **Be my guest.**
  (예, 그러세요.)
  *It's my treat. 혹은 It's on me.라는 표현에 대한 응답표현으로써 허락의 의미로 사용된다.

Unit 39

주의를 요청할 때

아줌마가 남의 일에 참견을 잘하는 건 신이 내려준 선물 덕택이다!
가정에서는 아줌마가 곧 법이다!

Note

흔히 '주의를 기울이다, 신경을 쓰다'라는 일반적인 표현에는 동사 mind를 즐겨 사용하며, 주의를 환기시킬 경우에는 명사 attention을 활용하여 표현하게 됩니다.
상대방에게 직접적으로 주의를 주는 표현으로는 What has it got to do with you?(그게 당신과 무슨 상관이 있습니까?) / How could you be so thoughtless?(어떻게 그렇게 분별이 없습니까?) / How many times do I have to tell you?(몇 번 얘기해야 알겠어요?) 등이 있습니다.
금지의 표현으로 "그만 두세요!"라는 표현은 Do you mind! / Enough of that. / Stop it! / Quit it! / Wait up! 가 있습니다.

흔히 주의를 환기시킬 때 (Could I have your) Attention, please!(주목하세요!)라는 표현을 즐겨 사용한다. 물론 Attention!만으로도 "차렷!" 또는 "준비!"라는 표현으로 활용된다. 가령 Watch out!하면 "조심해!"라는 뜻으로도 활용되지만 "정신 차려!"라는 의미로도 사용된다.
Beware of the dog!(맹견 주의!)
Handle with care!(취급 주의!)

와치 아웃
- **Watch out!**
(정신 차려! / 조심해!)

*일반적으로 Look out!으로 대용해도 무방하며, 작별할 때 Take care of yourself.나 Be careful!라는 인사말도 널리 활용된다.

페이 어텐션
- **Pay attention.**
(주의하세요. / 조심하세요.)

유 슏 마인- 유어 게스츠
- **You should mind your guests.**
(당신 손님한테나 신경 쓰세요. / 남의 일에 신경 쓰지 마세요.)

*Hands off!(손대지 마라. / 간섭하지 마라.)를 응용하면 Hands off my computer.(내 컴퓨터에 손대지 마시오.)라고 표현할 수 있다.

테이케롭 유어 비지니스
- **Take care of your business.**
(당신 일이나 신경 쓰세요.)

*None of your business. / Mind your own business.(남의 일에 참견하지 마라.)와 동일한 표현이다.

킵 디스 인 마인-
- **Keep this in mind.**
(이걸 명심하세요. / 잊지 마세요.)

*흔히 this는 생략하기도 한다.

아임 투라잉 투 킵 마이 아이 온 더 볼
- **I'm trying to keep my eye on the ball.**
(한 눈을 팔지 않으려고 노력하고 있습니다.)

Unit 40

양해를 구할 때

[암 쏘리~]에서 [웨이러 미닛]까지
아줌마의 에티켓(etiquette)에 함부로 태클을 걸지 마라

Note

일반적으로 양해를 구할 때 먼저 "잠깐만 기다려 주세요."라는 표현을 사용하는데 Wait a minute. / Just a moment. / Just a second. 따위를 사용하기도 하지만 just 대신에 hold나 wait을 사용해도 무방합니다.

이러한 표현은 경우에 따라서 다양하게 사용될 수 있습니다.
- 상대방에게 무엇을 묻고자 할 경우에
- 상대방의 동작을 멈추게 할 경우
- 대화의 도중에 중단시킬 경우
- 시간이 좀 더 필요로 할 경우
- 상대방의 전화를 끊지 말고 기다려달라고 할 경우 등

Please!
Excuse me!
Do you mind if I ~?

상대방에게 실례하고자 할 때 양해를 구하는 방법에 있어서 서양인들은 우리와 다소 다르다. 질문을 할 때 상대방에게 Forgive me, but …(실례지만 ~)라고 표현하며, 상대방이 용무중일 때 May I have your attention?(잠깐 실례할 수 있을까요?)라고 말을 먼저 건네는 것이 습관처럼 튀어나온다.

그런데 우리가 알고 있는 I am sorry.(암쏘리)라는 표현은 I'm sorry to have kept you waiting.(기다리게 해서 미안합니다.) / Oh, my mistake. I'm sorry.(제가 실수했군요. 미안합니다.) / I'm Sorry. Traffic was terrible.(미안해. 차가 너무 막혀서 말이야.) 등과 같이 구체적인 사항이 존재했을 때 쓸 수 있는 표현이다.

익스큐즈 미
- **Excuse me.**
(실례합니다.)
*흔히 Pardon me.라는 표현으로 대용할 수 있는데 반드시 끝음을 내려 주어야 한다. 만약 끝음을 올려서 발음하면 What?(뭐라구요?)라는 어감을 주게 된다.

져슷 어 미닛 밥
- **Just a minute, Bob.**
(밥, 잠깐만요.)

캔 뉴 깁 미 어 쌔컨-
- **Can you give me a second?**
(잠시만 시간 좀 주시겠어요?)

행 온 플리즈
- **Hang on, please.**
(끊지 말고 기다려 주세요.)
*전화를 받을 때 상대방에게 요청하는 표현이다.

홀드 유어 호-시즈
- **Hold your horses.**
(잠시 기다려 주세요.)
*전화상에서 Hold on, please!라고 표현하기도 한다.

렛 미 슬립 온 잇 오우케이
- **Let me sleep on it, OK?**
(저 좀 내버려두세요, 네?)
*Leave me alone!이나 Don't bother me.와 유사한 표현이다.

익스큐즈 미 포 인터럽팅 유
- **Excuse me for interrupting you, ···**
(말씀 도중에 실례합니다만 ~)

Unit 41

낙담·실망할 때

아줌마에겐 낙담이란 있을 수 없어; 오로지 전진만 있으니까?
이런 표현은 쓰지 않는 게 신상에도 좋고, 품위에 흠집이 가지 않지요!!!

Note

낙담이나 실망을 나타낼 경우에 disappoint나 let down과 같은 어휘를 직접적으로 표현할 수도 있겠으나 I'm sorry to hear about ~ / Oh, dear. I was looking forward to it.와 같이 약간 동정이 피력된 표현을 하면 상대방을 배려한 느낌이 들 것입니다.

상대방이 지나치게 낙담하거나 실망했을 경우에는 진정시킬 필요가 있는데, 가령 "진정하세요!"라는 관용 표현은 Come on! / Calm down! / Take it easy! / Chill out! 등이 쓰이며, "흥분하지 마세요!"라는 관용 표현은 Don't be excited. / Don't get mad. 등이 사용됩니다.

또한 그 밖의 관용 표현으로 Don't let me down.(저를 실망시키지 마세요.) / What does it matter?(그게 뭐 중요하죠?) / What is the use of talking?(말해 무슨 소용 있나요?) 가 있습니다.

구어에서 상대방과 친한 경우에 격려를 할 때 Never say die!(낙담하지 마라!, 비관하지 마라!) 혹은 Don't be too discourage!(너무 낙담하지 마라.)라는 표현을 사용하는데, 그러나 상대방에게 충고를 할 때 Don't let me down.(나를 실망시키지 마.)이라는 표현을 구사하면 됩니다.

일반적으로 "I am a little disappointed ~.(~로 좀 실망했어요.)"라는 표현을 사용하는데 어떤 소식을 듣고서 실망했을 때에는 I was let down by the news. / The news let me down. / The news disappointed me. / I was disappointed by the news. 따위처럼 사용하면 된다.

오 우 웰
- **Oh well ….**
  (오우, 저런…)

(오 우) 슛
- **(Oh) Shoot!**
  (이런, 저런, 아이쿠!)
  *shit의 완곡한 표현이다.

댓츠 투 뱃
- **That's too bad.**
  (정말 안됐군요!)
  *That's a real shame.과 유사한 표현이다.

아이 캔 빌리빗
- **I can't believe it!**
  (난 믿을 수 없어요!)
  *Oh, no!와 동일한 어감을 나타낸다.

와러 디스어포인먼-
- **What a disappointment!**
  (어찌나 실망스럽던지!)
  *상대방에게 정말로 실망을 하였을 때 What a pity(shame)! / What a let down! / It was disappointing! 등과 같은 표현이 사용된다.

아 돈 바이 댓
- **I don't buy that.**
  (도저히 납득이 가질 않는군요. / 이해할 수가 없군요.)
  *I don't understand that.라고 대용해도 무방하다.

돈 레릿 겟 유 다운
- **Don't let it get you down.**
  (낙담하지 마세요.)

Unit 42

불평 · 불만을 토로할 때

아줌마만큼 불만 있는 자 또 있을까 몰라?
남자들이여, 아줌마에게 불평할 시간과 기회 좀 주오!!!

Note

우리가 사회생활을 하다보면 저절로 업무나 대인 관계에서 불평 · 불만이 유발될 수 있는데 어느 정도 자신의 감정을 표출할 필요가 있습니다.

어떤 것에 불평불만을 토로할 때 미국인들은 단도직입적으로 표현하는 경향이 있는데 대개 bad, ill의 최상급을 사용하여 표현하기도 하며, 또한 형용사인 awful과 같은 어휘를 사용하여 나타내기도 합니다. 흔히, "불평하다"를 나타내는 동사로는 complain, discontented, dissatisfied 등이 있으나 그다지 사용 빈도는 높지 않습니다.

관용 표현으로 일의 진척이 잘되지 않을 경우에는 What a drag!(맥이 빠지는군!)이라고 표현하고, 똑같은 잔소리가 반복될 경우에는 Here we go again.(또 시작이야.)이라고 하며, 상당히 귀찮을 경우에는 What a nuisance!(정말 귀찮군!)이라고 하며, 일이 지겨울 경우에는 It's a boring job.(지겹군!) 등으로 표현할 수 있습니다.

히어 위 고 어겐
- **Here we go again.**
  (그 놈의 잔소리 또 시작이야.)

디씨즈 더 워슷 무비 아이브 에버 씬
- **This is the worst movie I've ever seen.**
  (이렇게 재미없는 영화는 본 적이 없습니다.)

디스 커피 이즈 오펄
- **This coffee is awful.**
  (진짜 맛없는 커피군요.)
  *여기서의 보어(형용사)는 horrible, terrible, frightful, dreadful, appalling 등과 유사하게 활용된다.

아이 캔 풋럽 윗 올 더 노이즈
- **I can't put up with all the noise.**
  (이 시끄러운 소음들을 참을 수 없어요.)
  *put up with(견디다, 참다)

잇 리얼리 번스 미 업 왠 데이 스펠 마이 네임 롱
- **It really burns me up when they spell my name wrong.**
  (그 사람들이 나의 이름을 잘못 적으면 정말 화가 납니다.)

헤이 유어 드리핑 커피 온 마이 키이보ー드
- **Hey! You're dripping coffee on my keyboard.**
  (이봐! 내 키보드 위에 커피를 쏟잖아!)
  *Don't drip coffee ~(~에 커피 쏟지 마라.)의 완곡한 어법 표현이다.

컴 오프 잇   아이 돈 빌리빗
- **Come off it! I don't believe it.**
  (뻔한 소리 그만둬! 난 그것을 믿지 않아.)
  *상대방이 잘난 척할 때에도 "잘난 척 좀 그만해!"라고 표현해도 무방하다.

Unit 43

피곤할 때

아줌마처럼 바쁜 사람 있음 나와 봐; 얼마나 바쁘면 피곤할 틈이 없을까?
아줌마, 힘이 들면 도와달라고 애걸복걸 좀 하시지?

Note

주로 상대방이 겉으로 보기에 피곤해 보일 경우에는 동사 look을 사용하여 표현을 하지만 appear, seems는 사용하지 않는 편입니다.
또한 "녹초가 되다"의 의미로 쓰이는 형용사로는 tired, fatigued와 exhausted를 활용하여 표현하며, 주로 자기 자신이 주관적으로 sleepy(졸리다), hungry(배고프다), thirsty(목마르다), busy(바쁘다) 등과 같이 느낄 경우에 서술적 표현을 활용하여 어떤 구체적인 상태를 나타냅니다.
자동차의 battery[배터리]가 수명이 다 되면 어떻게 됩니까? 방전되어 시동이 걸리지 않습니다. 아줌마도 마찬가지입니다. 이럴 때 에너지(energy)를 보충하여 가정의 평화를 지켜야만 합니다.
요즘은 피로를 푸는 곳으로 찜질방(jjimjilbang; Korean sauna), 마사지 샵(massage shop), 휴게실(rest-room), 헬스장(health club, fitness centers), 오락실(game room) 등이 다양하게 있습니다.

유 룩 타이어드
- **You look tired.**
(당신은 피곤해 보이는군요.)
*You look depressed.(우울해 보이는군요.)이라는 표현도 자주 활용된다.

아임 이그져숫티드
- **I'm exhausted.**
(난 지쳤어요.)
*I'm tired from swimming.(수영을 하여 피곤하다.)라는 표현도 자주 활용되지만 I slept off my fatigue.(피로를 잠으로 풀었다.)라는 표현도 가능하다.

쉬즈 리얼리 원 아웃
- **She's really worn out.**
(그녀는 정말로 피곤한가 봐.)
*worn out(녹초가 되다, 피곤하다)

위어 부쉬트
- **We're bushed.**
(우리는 매우 피곤합니다.)
*tired, fatigued, exhausted 등과 같은 뜻으로 사용되는 어휘이다.

아임 아우럽 브래쓰
- **I'm out of breath.**
(난 숨이 찹니다.)
*out of breath(숨이 가쁘다, 숨이 차다)

아엠 타이어드 포 랙 옵 슬립
- **I am tired for lack of sleep.**
(잠을 덜 자서 피곤합니다.)

아이 워즈 타이어드 프럼 오버웍
- **I was tired from overwork.**
(과로로 피곤합니다.)

Unit 44

후회할 때

아줌마는 절대로 후회(regret)란 단어를 모른다?
삶에 대한 진지한 자기반성은 인간만의 특권(privilege)이다!!!

Note

어떠한 과거 사실에 대하여 잘못을 했을 경우에 곧바로 인정하고 시인하는 자세가 필요하며, 뿐만 아니라 지난 일에 관하여 자책을 하는 것보다는 앞으로 실수를 반복하지 않는 자세가 필요합니다. 이럴 때에도 서양인들은 I'm sorry ~ 라는 표현을 활용하곤 합니다.
자기 자신의 잘못이라고 여길 경우에는 That's my fault. / It was my fault. / It was wrong of me.와 같이 표현하면 됩니다.
아무리 후회해도 소용없을 경우에 관용적으로 It's too late for regrets. / It's no use crying over spilt milk. 등과 같은 표현을 사용합니다.

[후회와 관련된 표현]

♠ 약속을 어겼을 때
  I'm sorry for not keeping my promise.
  (약속을 어겨서 미안합니다.)

♠ 상대방을 기다리게 했을 때
  I'm sorry I'm so late. Have I kept you waiting So long?
  (늦어서 미안합니다. 너무 오래 기다리게 했군요?)

* I'm sorry to have kept you waiting.

♠ 기억이 나지 않을 때
I'm sorry I have such a short memory.
(기억이 나질 않아 죄송합니다.)

♠ 폐를 끼쳤을 때
I'm sorry I caused you so much trouble.
(너무 폐를 끼쳐 죄송합니다.)

♠ 대화 도중에 끼어들었을 때
I'm sorry to interrupt you.
(대화 도중에 끼어들어 죄송합니다.)

- **I'm sorry I'm late.**
  (늦어서 죄송합니다.)

- **I'm sorry. I was wrong.**
  (미안합니다. 제 잘못입니다.)

- **I feel bad about standing you up.**
  (약속을 지키지 않아 미안합니다.)
  *stand someone up(바람을 맞히다, 기다리게 하다)

- **I wish I'd never gone out with her.**
  (그녀와 사귀지 말아야만 했어요.)
  *go out with(~와 교재하다, (밖으로) 나다니다)

- **Gee, I really blew it.**
  (아, 난 실패했어요.)

- **I feel awfully sorry for what I have done.**
  (제가 한 일에 대해 진심으로 사과드립니다.)

Unit 45

불쾌할 때

아줌마, 불쾌할 땐 참지 말고 그때그때 풉시다!!!
괜히 스트레스(stress)받지 말고 단호하게 맞서서 싸웁시다?

Note

대화의 도중에 유쾌하지 못할 때 상대방에게 "이제, 그만 합시다."와 같은 표현을 하고자 할 경우에 흔히 stop, quit, knock ~ off, cut ~ out 등의 어구를 사용하곤 합니다.

또한, 직접적으로 표현하는 경우에 irritate, bother, annoy와 같은 동사를 활용하기도 합니다. 그러나 자기 자신의 화가 난 상태를 표현하고자 할 때에는 get anger, lose one's temper, get mad 따위의 동사를 사용하는 경향이 있습니다.

서로 논쟁을 하다가 불쾌함을 느낄 경우에는 논쟁을 끝내자고 상대방에게 제의를 하게 되는데 이럴 때에는 Let's end this argument.(이 논쟁을 끝내도록 합시다.)라고 표현하면 됩니다. 아줌마? 서로 불쾌 지수(discomfort index)가 오르지 않도록 조절을 하고, 때론 악몽(nightmare)과도 같은 기억은 빨리 잊어버리고 유쾌, 상쾌, 통쾌하게 날려 버립시다.

[상대방의 어떤 행위로 인하여 불쾌할 때의 영어표현]

♠ That person is so rude.
    (저 사람은 정말 무례해.)

♠ How rude can you be?
 (너 어떻게 그렇게 무례할 수가 있니?)

♠ That really makes me mad[angry, upset].
 (정말 나를 화나게 만드는군.)

♠ He drives me crazy when he does that.
 (그가 저런 행동을 하면 난 미쳐 버리겠어.)

♠ I'm really displeased with her behavior.
 (그 여자의 처신은 정말 불쾌해.)

♠ She is the most unpleasant woman I've ever met.
 (그녀는 내가 만나 본 사람 중에서 가장 불쾌한 여자야.)

영어로 불쾌지수를 discomfort index라고 표현하는데 주로 온도와 습도에 의해서 발생하는데 그보다도 인간관계에서 상대방이 인격을 모독하거나 무시할 때 엄청난 스트레스를 주게 되므로 상대방의 인격을 존중하는 품격(dignity)을 유지하는 것이 매우 중요하다.
혹시 아줌마 칠대죄악이 먼지 알죠? 그건 바로 오만, 탐욕, 색욕, 화냄, 식탐, 시기, 나태이다.

우쥬 스탑 댓
● **Would you stop that?**
(그만 하시겠어요?)

*어떤 행위를 이쯤에서 끝내려고 할 때 사용하는 표현이다. 가령, Let's call it a day.라고 하면 일이나 업무의 종료를 나타낼 때 사용된다.

퀴릿
● **Quit it!**
(그만해!)

*Stop it!(멈추시오.)

녹키롭
● **Knock it off!**
(그만 두세요! / 잠자코 계세요.)

*Cut it out!이라는 대용 표현도 있으며, knock ~ off(~을 그만두다, 중지하다)라는 표현도 활용된다.

게라럽 히어
● **Get out of here!**
(말도 안 되는 소리!)

*상대방에게 "비켜!, 꺼져!" 따위의 뜻으로 다양하게 사용된다.

깁미 어 브레잌
● **Give me a break!**
(그만 좀 해! / 그만 뒤!)

*Give me a rest! / Break it up!과 동일한 표현이다.

댓츠잇
● **That's it!**
(그건 너무 하군요! / 이제 그만!)

*그밖의 표현으로 That does it! / That'll do. / That's enough.하면 "이제 됐어!, 그건 너무해!, 더 이상 못참아"의 뜻으로도 사용된다. 또한 That's done it.라고 하면 "해냈어, 잘 했어."라는 뜻도 있지만 "이젠 끝장났어, 이제 글렀어."라는 뜻으로 널리 활용된다.

Unit 46

오해를 했을 때

 사소한 말 한마디가 마음을 상하게 하므로 입단속(말조심) 합시다!
오해는 술로 푸는 것이 제격? NO! 마음으로 풀어야~

Note

사회생활을 할 때는 물론 친한 사이라고 하더라도 오해로 인하여 유발되는 문제는 시간이 지나면 지날수록 깊어지게 마련입니다. 따라서 이럴 경우에는 즉시 풀어야만 합니다. understand는 가장 일반적인 말로써 지적인 이해뿐만 아니라 감정적·경험적 이해도 포괄하는 어휘로 널리 사용됩니다.
상대방이 어떤 내용이나 사항에 대하여 충분히 설명을 한 다음에 표현하는 "이해하시겠어요?"의 질문은 Do you understand me? / Do you follow me? / Do you read me? 따위와 같이 표현하게 됩니다.
상대방에게 말조심에 대하여 주의나 경고를 할 때에는 Watch your mouth. / Watch your language. / You'd better watch your language. / You're so foul-mouthed. 등과 같은 표현을 하게 됩니다.

오우 아이 미스언더스투드
- **Oh, I misunderstood.**
  (오, 내가 오해했군요.)
  *I thought you said ~라고 표현할 수도 있다.

유 갓 더 롱 아이디어 팍
- **You got the wrong idea, Park.**
  (당신이 잘못 알고 있군요, 박선생.)

쉬 미스리드 미 엔타이어리
- **He misread me entirely.**
  (그는 나를 완전히 오해하였습니다.)

데이 투크 미 아우롭 컨텍스트
- **They took me out of context.**
  (그들은 나의 말을 잘 이해하지 못하였습니다.)

아이 돈 콰잇 팔로우 유
- **I don't quite follow you.**
  (나는 당신 말을 잘 이해하지 못하겠습니다.)
  *Do you follow me?(제 말을 이해하시겠어요?)라는 표현의 응답 표현이다.

플리즈 언더스탠- 미 아이 앱썰루러리 리퓨즈
- **Please understand me, I absolutely refuse.**
  (내 말을 오해 마시오, 단호히 거절하겠소.)

아이 돈 게릿
- **I don't get it.**
  (그것이 이해가 되질 않습니다.)
  *Get the picture?(이해가 갑니까?)의 긍정 응답 표현으로 I got it.(알겠습니다.)이 사용된다.

Unit 47

싫증 · 지루할 때

아줌마의 톱니바퀴와 같은 일상은 누가 보상해주나요?
가정의 담장을 넘는 순간 불행의 그림자(Shadow)가 엄습해 올 겁니다!!!

Note

어떤 행위, 운동, 일, 공부 따위에 관하여 "그것 어땠어?"하거나 "어떻게 생각해?"와 같이 물어올 경우에 흔히 부정적인 답변으로는 It's not interesting.이나 I'm bored.라는 문형을 즐겨 사용합니다.

일반적으로 '지루하다'의 관용 표현으로 It bores me stiff.(처음부터 줄곧 지루하다.) / It's a drag.(싫증날 만큼 지루하다.) / It puts me to sleep.(잠이 올 정도로 지루하다.) / I'm fed up with ~(~는 진저리가 나다.) / This is as dull as dish washer.(접시 닦는 것처럼 지루하다.) / It bores me to death.(죽을 정도로 지루하다.) 등이 있습니다.

또한, '흥미 없다'의 관용 표현으로는 It leaves me cold.(전혀 흥미 없다.) / It turns me off.(정말 흥미 없다.) / It's a turn-off.(흥미를 잃게 하다.) / What a yawner.(하품이 날 정도로 흥미 없다.) 등이 있습니다.

아임 쏘 보어드
- **I'm so bored.**
(난 너무 지루합니다.)

*서술적인 표현으로 tedious, tiresome 따위의 형용사가 활용되며, 가령, 상대방에게 Am I boring you?(제 얘기가 지루합니까?)라고 표현할 수도 있다.

더 미팅 워즈 베리 덜
- **The meeting was very dull.**
(매우 지루한 회의였어요.)

아이 돈 파인- 포린 필름 베리 인터레스팅
- **I don't find foreign films very interesting.**
(난 외국 영화가 그다지 재미있는 것 같지 않습니다.)

아임 씩 앤- 타이어드 옵 더 쎄임 씽 포 디너 에브리 나잇
- **I'm sick and tired of the same thing for dinner every night.**
(매일 저녁 똑같은 식사는 나를 질리게 합니다.)

디스 클래씨즈 어 리얼 드랙
- **This class is a real drag.**
(이 수업은 진짜 싫증이 납니다.)

아엠 타이어드 옵 디스 웍
- **I am tired of this work.**
(전 이 일이 지루합니다.)

Unit 48

화를 낼 때

도대체 누가 아줌마의 자존심(self-respect)에 돌팔매를 던지는가?
stress(스트레스)와 anger(화)는 만병의 근원이다!!!

Note

일반적으로 '화내다'의 동사로는 angry, irritate, annoy, enrage, mad, provoke, offend, displease, resent, exasperate 따위가 있으며, 관용구로는 make one's mad, tick off, blow one's top, burn one's up, piss one's off, lose one's temper 등이 있습니다.

화가 날 경우의 관용 표현으로는 It's so disgusting! / He hit the ceiling. / Ted burns me up. / He turns me off. 가 사용됩니다.

일상적으로는 Oh no! / Oh dear!라고 가볍게 표현할 수도 있으나 조금 격앙된 경우라면 Oh, nuts! / Oh, damn! / Oh, hell! 과 같은 표현을 사용하기도 하지만 이러한 심한 욕설은 피하는 게 좋을 것입니다.

보다 순화된 표현을 사용한다면 Do you mind!(그만 두시오!) / This is the limit!(더 이상 못 참아!) / Don't make me laugh!(웃기지 마시오!) / Far from it!(어림없어!) / What a nuisance!(정말 귀찮군!) / Enough of that!(제발 그만두게!) 등과 같이 표현할 수도 있습니다.

> 상대방에게 화를 참으라고 할 때 Hang in there. / Hang on. / Hang tough. / Tough it out. / Stick it out. / Keep your temper. 등과 같은 표현들이 제격입니다.

허 인썰츠 메이드힘 익스트림리 앵그리
- **Her insults made him extremely angry.**
  (그녀의 모욕적인 말은 그를 극도로 화나게 했다.)
  *관용적으로 make one's angry(화나게 하다), make one's mad(미치게 하다)처럼 활용된다.

마이 브라더 리얼리 메익스 미 매드
- **My brother really makes me mad.**
  (난 동생 때문에 미치겠어요.)

레이씨슷 리막스 메익 마이 블러드 보일
- **Racist remarks make my blood boil.**
  (인종 차별적인 말은 나를 화나게 합니다.)

아이브 해딧 위쥬
- **I've had it with you!**
  (나는 더 이상 참을 수가 없군요.)
  *이 표현은 I can't stand it. / I can't bear it. 등으로 대용해도 무방하다.

댐 잇
- **Damn it!**
  (제기랄!)
  *God damn.(젠장! / 빌어먹을!)

게라럽 히어
- **Get out of here.**
  (꺼져! / 비켜!)
  *Get out of my face. / Get out of my sight.와 동일한 표현이다. 그러나 화급하게 "비켜 주세요."라는 표현은 Get out of my way.라고 할 수도 있다.

쉬 턴스 미 옵
- **She turns me off.**
  (그녀는 정말 밥맛이야.)
  *성격이나 성적인 욕구 따위에 관해 불만을 토로하는 표현이다.

Unit 49

두려워할 때

아줌마는 세상에서 가장 무서움이 많은 겁쟁이(big chicken)?
아줌마가 겁내는 건 무전유죄, 유전무죄; No! "무식하다"는 말이다~

Note

사람은 누구나 어떤 일이나 행위로 인하여 두려움을 느끼게 될 경우에 상대방이 What do you say?나 What's the matter? 하고 물어올 때 자신이 가지고 있는 생각을 그대로 표현하면 됩니다.
특히 미래에 대한 예측이 불가능한 사건, 확신이 서지 않는 심적 불안, 어떤 것에 대한 막연한 공포, 사소한 일상사에 대한 고민에 해당하는 표현은 대개 scare, frighten, terrify, petrify 등의 어구를 활용하여 표현하게 됩니다.

아임 스케어드
- **I'm scared.**
  (나는 무서워요.)
  *I'm scared to death.(겁이 나서 죽겠어요.)라고 표현해도 무방하다.

아유 어프레이돕 스파이더즈
- **Are you afraid of spiders?**
  (넌 거미가 무섭니?)

잇 워즈 어 프라이터닝 익스피어리언스
- **It was a frightening experience.**
  (그건 무서운 경험이었어요. / 너무 끔찍했어요.)

히즈 져슷 어 빅 치킨
- **He's just a big chicken.**
  (그는 너무 겁쟁이야.)
  *속어로 chicken은 "겁쟁이"를 의미한다.

아이 워즈 테러파이드
- **I was terrified.**
  (나는 무서웠어요.)
  *이와 비슷한 어휘에는 afraid, awful, scared, fearful, dreadful, terrible, frightful 따위가 있다.

아임 리얼리 너버스
- **I'm really nervous.**
  (난 너무 떨려요. / 너무 겁이 나요.)

유 스케어드 미 투 데쓰
- **You scared me to death.**
  (너 때문에 놀랬잖아.)
  *유사한 표현으로 You scared the living daylights out of me.(너무 무서워 기절하는 줄 알았어.)와 The movie scared the pants off me.(영화가 무서워 오줌 쌀 뻔했어.)라고 표현할 수도 있다.

Unit 50

걱정·염려할 때

기름 값 아무리 올라도 걱정도 팔자성; 어떻게 되겠지!!!!
어디 좋은 알바자리(part-time job) 없을까?

Note

일반적으로 어떠한 상황이나 정황으로 미루어볼 때 걱정, 염려, 고민이 될 경우에 be worried about, be concerned about, be bothered about, be anxious about 등의 문형을 주로 활용하게 됩니다.

또한 서술적 표현으로 "~라고 생각되다"에 해당하는 긍정적인 표현은 I hope ~를 사용하며, 부정적 표현으로는 I am afraid ~로 나타냅니다.

이러한 표현에 대한 응답으로 Never mind.(신경 쓰지 마세요.) / Don't worry.(걱정 마세요.)가 주로 사용되며, Mind your own business.(남의 일에 참견 마세요.)라는 표현도 널리 사용됩니다.

[관련 응용 표현]
♠ Much coin, much care.(돈이 많으면 걱정도 많다.)
♠ There's nothing to worry about.(걱정할 것은 하나도 없다.)
♠ It's nothing to worry about.(걱정할 필요가 없다.)
♠ Care affects the health.(걱정은 건강에 해롭다.)
♠ There is no use in crying.(울어봤자 소용없다.)

아임 워리드 어바우릿
- **I'm worried about it.**
  (난 그게 걱정입니다.)
  *I'm worried about your health.(당신의 건강이 염려가 됩니다.)

아 유 너버스 어바웃 더 테스트
- **Are you nervous about the test?**
  (시험이 걱정되십니까?)

히즈 어 빗 뉴로틱 어바웃 오죤 디플리션
- **He's a bit neurotic about ozone depletion.**
  (그는 오존층 파괴에 대해 신경과민을 보입니다.)

돈 패닉
- **Don't panic.**
  (당황하지 마세요! / 겁낼 것 없어요.)
  *상대방에게 안심을 시킬 때 Don't worry about it.(염려 마세요.)라고 말을 건네면 된다.

유 씸 투 해브 매니 케어즈
- **You seem to have many cares.**
  (당신은 걱정이 많은 것 같아요.)

왓츠 이팅 유
- **What's eating you?**
  (무슨 걱정거리라도 있습니까?)

돈 러빗 인
- **Don't rub it in.**
  (제발 건드리지 마세요.)
  *상대방이 자신의 약점, 결점, 마음의 상처 따위를 언급할 때 쓰는 표현이다.

Unit 51

의심할 때

아줌마가 질투심(jealousy)만 없어도 망할 일은 없다; 믿거나 말거나?
의심병은 사실과 진실을 왜곡하는 주범이다!!!

Note

막연한 의심이나 의혹을 나타내는 표현은 doubt(사실이 아닌지도 모를 경우), 배후에 무엇인가를 숨기고 있을 때의 표현은 suspicious(혐의나 용의를 숨기고 있을 경우), 원인이 어떠하든 전적인 불신을 나타내는 표현은 distrust를 사용합니다.
일반적으로 의심을 나타내는 서술적인 표현으로는 I doubt ~. 혹은 I doubt if ~.(혹시 ~할까요?)의 문형을 즐겨 사용하며, 또한 우회적인 표현으로는 You don't mean to ~?(설마 ~하려는 건 아니겠죠?)의 문형을 사용하는 경향이 있습니다.
구어에서 주로 활용되는 표현으로 It's questionable whether the rumor is true.(그 소문이 사실인지 의심스럽습니다.) / It's doubtful if he will pass.(그가 합격할지 의심스럽습니다.) 등이 사용됩니다.
서양에서는 의심이 많은 사람을 지칭할 때 Thomas라는 사람을 거론하는데 이는 그만큼 이름이 흔한 데서 연유되었을 듯합니다. 자신의 귀를 의심할 정도로 믿기지 않을 때 I thought I had heard amiss.이나 I could hardly believe my ears.라는 표현을 활용합니다.

가령, 사람을 의심할 땐 It's doubtful if he will pass.(그가 합격할지 의심스럽다.)처럼 표현하게 되며, 사물을 의심할 경우에는 It's questionable whether the rumor is true.(그 소문이 사실인지 의심스럽다.)라고 표현하면 됩니다.

- **He's a suspicious character.**
  히즈 어 서스피셔스 캐릭터
  (그는 의심이 많은 사람입니다.)
  *Missouri(의심 많은 사람) : 미주리 주의 사람들은 의심이 많기 때문에 생겨난 관용표현이다.

- **I really doubt that it's true.**
  아이 리얼리 다웃 댓 잇츠 트루
  (난 그게 진짜인지 궁금합니다.)
  *사실의 진위 여부를 의심하는 표현이다.

- **I'm very leery of his offer.**
  아임 베리 리어리 옵 히스 아퍼
  (나는 그의 제의가 의심스럽군요.)
  *leery(의심 많은) 대신에 leary로도 표기한다.

- **I have serious reservations about our future together.**
  아이 해브 씨리어스 레져베이션스 어바웃 아워 퓨쳐 투게더
  (우리의 장래에 대해 심각한 의문을 가지고 있습니다.)

- **We are proceeding with caution because we don't know whether we can trust him yet.**
  위 아 프로씨딩 위드 코우션 비코우즈 위 돈 노우 웨더 위 캔 트러슷 힘 옛
  (우리가 아직 그를 믿을 수 없기 때문에 조심하여 진행하고 있습니다.)

- **There is something doubtful about it.**
  데어리즈 썸씽 다웃풀 어바우릿
  (거기엔 다소 의심스런 점이 있어요.)
  *There's no doubt about it.은 정반대의 표현으로 "의심할 여지가 전혀 없어요."라는 뜻으로 사용된다.

Unit 52

곤란할 때

진짜 곤경에 처했을 때 아줌마의 능력을 보여주세요?
아줌마의 심장으로 감당하지 못할 일이 없지렁!!!

Note

어떤 사람과 약속을 정할 경우에 선약이 있어서 안 될 때 I can't make it.(전 안돼요.)라고 표현하면 되며, 또한 곤란한 입장에 처했을 경우에는 It's a troublesome question. / It's a difficult problem.(그건 좀 곤란한 문제입니다.)라고 표현할 수도 있습니다.

가령 '당황하다'의 표현으로 흔히 at a loss, at one's wit's end, in a fix, in a dilemma, lose one's head, lose one's presence of mind 등을 사용합니다.

일반적으로 자기 자신이 곤경에 처해 있을 경우에 "난 곤경에 처해 있어요."라는 표현으로는 I'm in a jam. / I'm in a trouble. / I'm really in stuck. 등의 표현이 널리 활용되고 있습니다.

흔히, "어쩔 도리가 없다."라는 표현은 There is nothing for it but to do ~ 라는 문형을 활용하여 There was nothing for it but to laugh.(웃을 수밖에 별 도리가 없었어요.) / There was nothing for it but to hold my tongue.(나는 잠자코 있을 수밖에 별 도리가 없었다.) / There was nothing for it but to wait for a chance.(기회를 기다릴 수밖에 별 도리가 없었다.) 등으로 응용할 수 있습니다.

위어 인 리얼 추라블
- **We're in real trouble.**
  (우리는 진짜 곤경에 처해 있습니다.)
  *We're in a tough situation.와 유사한 표현이다.

낸시 이즈 이너 베리 디피컬- 포지션
- **Nancy is in a very difficult position.**
  (낸시는 매우 곤란한 입장에 놓여 있어요.)

마이 브라더 갓 인투 썸 핫 워러 앳 스쿨
- **My brother got into some hot water at school.**
  (내 동생은 학교에서 곤경에 처해 있어요.)

아임 앳러로스 애즈 투 하우 투 디일 위드 디스 프라블럼
- **I'm at a loss as to how to deal with this problem.**
  (난 이 문제를 어떻게 해결해야 할지 모르겠어요.)

디씨즈 어 리얼 메스
- **This is a real mess.**
  (이건 진짜 곤란합니다.)

잇 캔 비 헬프트 나우
- **It can't be helped now.**
  (이젠 어쩔 도리가 없어요.)
  *유사한 표현으로 I can't stop myself. / It can't be helped. 등도 활용된다.

Unit 53

싫어할 때

아줌마는 싫은 건 죽기보다 싫다; 강요하지 마, 제발!!!
Oh, my God![오 마이 갓~] 이런 표현은 아줌마에게 어울리지 않아?

> **Note**
>
> '싫어하다'라는 표현을 직접적으로 표현하는 방법으로 hate, dislike, despise 따위와 같은 동사를 이용하는 것과 I don't like ~, I don't care ~, I can't stand ~, I can't bear ~, I don't fancy ~ 등과 같이 조동사를 활용하여 동사의 부정형을 취하는 것이 있습니다.
> 또한, Oh, no!(싫어!) / Oh, God!(제기랄!) / Oh, hell!(빌어먹을!) / Oh, how awful!(지긋지긋해!) 처럼 감탄사를 이용하여 표현하는 방법도 있습니다.
> 특히, 사람에게 싫다는 표현은 Your manner always gets me down.(당신의 태도는 항상 실망스러워요.)이나 You don't seem like yourself.(당신은 예전 같지 않군요.)와 같은 다소 우회적인 표현이 적당합니다.
>
> **[관련 응용 표현]**
> ♠ I don't want to hear about it!(그건 듣기도 싫다.)
> ♠ It goes against me to do it.(그렇게 하는 것이 나는 싫다.)
> ♠ I can't be bothered to think.(생각하기도 싫다.)
> ♠ I don't want to cross swords with Tom.(나는 톰과 논쟁하기 싫다.)

아이 두 헤잇 힘
- **I do hate him.**
(난 그가 싫어요.)

*do는 동사를 강조하는 어감을 지닌 용법으로 활용되는데 사물에 관하여 사용할 경우에는 조동사를 활용하여 I don't like this one.(이건 싫어요.)처럼 사용해도 무방하다.

유 메익 미 씩
- **You make me sick.**
(넌 보기도 싫어요.)

*상대방에게 꼴보기 싫다고 핀잔을 줄 때 I hate the very sight of him.이란 표현을 사용한다.

쉬 더즌- 라이크 매쓰
- **She doesn't like math.**
(그녀는 수학을 싫어합니다.)

아이 헤잇 히스 거츠
- **I hate his guts.**
(나는 그의 뻔뻔함이 싫어요.)

아이 씽- 랩 뮤직 이즈 호러블
- **I think rap music is horrible.**
(난 랩 음악은 싫어요.)

디스 클래씨즈 어 리얼 버머
- **This class is a real bummer.**
(이 수업은 진짜 실망스럽군요.)

위 디스파이즈 피플 후 웨어 풔
- **We despise people who wear fur.**
(우리는 모피를 입은 사람은 경멸합니다.)

아임 낫 크래이지 어바우릿
- **I'm not crazy about it.**
 (이건 별로 좋아하지 않아요.)
 *I just don't like it very much.와 동일한 표현으로 사용된다.

아이돈 머치 케어 포 포린 푸드
- **I don't much care for foreign food.**
 (외국 음식은 별로 좋아하지 않습니다.)

아임 페덥 위쥬
- **I'm fed up with you.**
 (난 이제 당신이 지겨워졌어요. / 난 당신한테 넌더리가 났어요.)
 *feed up(음식 따위를 물리게 하다, 넌더리가 나다)

Unit 54

부끄러워할 때

내숭으로 똘똘 무장된 부끄럼은 아줌마에겐 어울리지 않아요!
여자의 부끄러움은 무죄; 그런데 아줌마는 왜 뻔뻔한 겨?

Note

자기 자신이 당혹스런 경우에 처하면 누구나 당황하게 마련이며, 자신의 단점을 애써 감추려고 하는 것이 인간의 기본 심리입니다. 특히 수줍어하거나 창피하게 느끼는 경우는 대개 심리적인 요인으로 인하여 상대방과의 관계에서 흔히 발생하게 됩니다.

가령 "부끄러워하다"라는 의미를 지닌 bashful, shy, ashame, shameful이 흔히 쓰이며, disgraceful, dishonorable 따위와 같은 '불명예'의 어구도 생각할 수 있습니다. 이럴 때 I am ashamed of myself.(부끄럽습니다.)라는 표현을 사용하면 됩니다.

이러한 부끄러움에서 해방되려면 보다 자신감이 필요하며, 오히려 거만할 정도로 떳떳하고 정정당당하게 행동한다면 결코 부끄러워할 일이 발생하지 않을 것입니다.

일상생활에서 자주 활용되는 표현을 살펴보면 I am ashamed to be without money.(돈 없는 것이 부끄럽다.) / Aren't you ashamed of having done such a thing?(그런 짓을 하고도 부끄럽지 않은가?) / I am shy around women.(난 여자한테 수줍

음이 많다.) / You should be ashamed of yourself.(부끄러운 줄 아시오.) 등이 있습니다.

아이 워즈 쏘 임배러스드
- **I was so embarrassed.**
   (제가 너무 당혹스럽군요.)

쉬 이즈 테러블리 샤이
- **She is terribly shy.**
   (그녀는 수줍음이 참 많아요.)
   *She is too shy to speak.(그녀는 수줍어서 말도 못해요.)라는 표현도 익혀 두자.

돈 비 배쉬풀 고앤 콜 허
- **Don't be bashful, go and call her.**
   (수줍어하지 말고 가서 그녀에게 전화하세요.)

잇 메이드 미 브러쉬 왠 에브리원 토울드 미 하우 핸썸 아이 워즈
- **It made me blush when everyone told me how handsome I was.**
   (모든 사람들이 나한테 잘생겼다고 했을 때 얼굴이 빨개졌습니다.)

아이 펠트-라이크 크롤링 인투 어 홀 앱터 히어링 마이쎌- 비잉 프레이즈드 라이크 댓
- **I felt like crawling into a hole after hearing myself being praised like that.**
   (그와 같은 칭찬을 들으면 구멍에라도 들어가고 싶어요.)

아이엠 어쉐임드 옵 마이쎌프
- **I am ashamed f myself.**
   (부끄럽습니다.)
   *상대방에게 핀잔을 줄 때의 표현에는 You ought to be ashamed of yourself.(창피한 줄 아시오.) / Shame on you!(그게 무슨 창피니!) 등과 같은 표현이 있다.

Unit 55

위로·동정을 할 때

I'm Sorry![암 쏘리~]하면 다 통한다!!!
위로는 따뜻하게 감싸주면 되고, 동정은 상대의 자존심을 지켜줘야 한다?

Note

여러분이 알고 있는 I'm sorry.는 상대방을 위로할 때 매우 유용한 표현입니다. 만약에 상대방에게 좋지 못한 일이 발생하였을 경우에 That's too bad.(그것 참 안됐군요.) / That's awful.(너무 안됐어.) / What a pity!(유감이군요!) / I'm sorry to hear that.(그 소식을 듣고 보니 안됐군요.) 등과 같이 한마디 따뜻한 위로의 말은 친숙한 인간관계를 성립시켜 주는 요인이 될 수도 있습니다.

또한, 동정의 어감이 내포된 감탄사로는 Oh, no.(오, 맙소사!) / Oh, dear.(오, 저런!) 따위가 주로 활용됩니다. 동정의 표현 다음에는 반드시 위로, 격려의 말을 건네주는 태도를 갖는 것이 필요합니다.

예를 들어, Cheer up!(기운 내!) / Come on!(힘내!) / Never mind!(걱정 마세요!) / Don't worry! / Don't be nervous!(염려 마세요!) / Take it easy.(마음 편하게 가지세요!) 등과 같이 표현하면 됩니다.

아임 쏘리 투 히어 댓
- **I'm sorry to hear that.**
  (그 소식을 들으니 참 안됐군요.)
  *I'm sorry to hear you failed the course.(그 과목에서 낙제했다니 안됐군요.)

댓츠 투 뱃-
- **That's too bad.**
  (그것 참 안됐군요.)

아이 노- 하우 유 머슷 필
- **I know how you must feel.**
  (당신의 기분을 알 것만 같아요.)

와러 쉐임
- **What a shame!**
  (유감입니다.)
  *What a pity!(유감스럽군요.)와 동일한 표현이다.

하우 오플 포 유
- **How awful for you!**
  (참 딱한 처지군요.)

돈 비 투 디스커뤼지드
- **Don't be too discouraged.**
  (너무 낙담하지 마세요.)
  *Don't go to pieces. / Don't worry about it.과 유사한 표현이다.

와러 피리
- **What a pity!**
  (어머 가엾어라.)

댓츠 오플
- **That's awful.**
  (그 참 안됐군요. / 끔찍하군요.)
  *부사로 쓰이면 It is awfully good of you.(대단히 감사합니다.)라는 표현이 된다.

아일 스틱 바이 유
- **I'll stick by you.**
  (내가 곁에서 지켜드릴게요. / 내가 옆에서 돌봐 줄게.)

플리즈 억셉 마이 디피슛 컨돌런시스
- **Please accept my deepest condolences.**
  (삼가 애도를 드립니다.)
  *조의를 표할 때 Please accept my sincere condolences.라고 해도 된다.

포게릿
- **Forget it!**
  (잊어버리세요.)

캄 다운   아이 노 하우 유 필
- **Calm down. I know how you feel.**
  (진정하세요. 당신 심정을 이해합니다.)

Unit 56

슬픔·고통을 표현할 때

아줌마의 슬픔은 온가족의 아픔이요, 이 나라의 고통입니당~
부디, 가정의 평화를 위해 아줌마여 떨치고 일어나라, 부활하라?

Note

슬픔을 나타내는 표현은 동사로 표현하면 sad(슬프다)나 depress(우울하다)가 쓰이며, 형용사로 표현하면 gloomy, melancholy가 쓰이며, 명사(숙어)로 표현하면 (pull) a long face, (look) blue, (be) a bitter loss 따위와 같이 사용됩니다.
아픔을 나타내는 명사로 표현하면 pain, sorrow, ache, sting, agony 등으로 구분되는데 뉘앙스에 따라 활용이 달라지므로 사용상 유의해야만 합니다.
아줌마가 아플 땐 I feel a pain in ~ / I have a pain in ~ / I'm sick.(아파요.)라는 표현을 참지 말고 밖으로 표출합시다. 그래야 남들이 알아주죠!
이렇게 슬픔이나 고통이 있는 상대방에게 약간 위로의 감정이 담긴 Calm down! / Take it easy!(진정하세요!) / Come on, cheer up! / Keep your spirits up!(힘내세요!) / Don't lose heart.(낙담하지 마!) 와 같은 표현을 한다면 보다 친숙한 관계가 유지될 것입니다.

아임 쌔드 비코-즈 마이 캣 갓 런 오버-
- **I'm sad because my cat got run over.**
(난 고양이가 차에 치여서 슬퍼요.)

아임 디프레스트 어바웃 루징 마이 잡
- **I'm depressed about losing my job.**
(난 실직하여 매우 침울합니다.)

와이 이즈 에브리원 쏘 글루미
- **Why is everyone so gloomy?**
(왜 모두 그렇게들 우울한 거야?)
*달리 표현하면 Why so blue? / Why the long face?(왜 그렇게 우울해?)라고 할 수 있다.

아임 필링 카인돕 블루
- **I'm feeling kind of blue.**
(난 기분이 우울합니다.)

잇 워 져 비러 로스
- **It was a bitter loss.**
(그건 뼈아픈 손해였어요.)
*loss는 다소 중대한 '실패, 손실'을 의미한다.

잇츠 트래직
- **It's tragic.**
(일이 참 딱하게 됐군요.)

와러 쌔드 데이
- **What a sad day!**
(정말 슬픈 일이군요. / 정말 슬픈 날이군요.)

178 무조건 하면된다 아줌마 영어회화 첫걸음

아임 디프레스트
- **I'm depressed.**
  (저는 우울합니다. / 전 침울합니다.)
  *I feel blue.(슬퍼요. 우울해요.) / I feel miserable.(처참해요.)

아이 필 라익 크라잉 라잇나우
- **I feel like crying right now.**
  (저는 울고 싶은 심정이에요.)

Unit 57

질투·시기할 때

아줌마가 질투(envy)와 시기(jealousy)의 화신이라는 말은 옛말? 가끔 아줌마의 질투도 예뻐 보일 때도 있답니당~

Note

어떤 조직 등에서 실제로 질투심과 시기심이 유발할 정도로 얄미운 사람이 있는가? 하면 부러움의 대상으로써 추종하거나 막연한 동경을 보내는 경우가 있습니다.

일반적으로 상대방을 시기할 때에는 jealous라는 형용사를 이용하여 〈be jealous of + 명사 상당어구〉, 부러워할 때에는 타동사를 이용하여 〈envy … for ~〉형태를 선호합니다.

또한, 질투를 하면서도 자기 자신도 상대방과 똑같이 되었으면 하는 바람을 나타내는 경우에는 가정법을 이용하여 I hope ~ / I wish ~와 같이 표현할 수도 있습니다.

그밖에 get jealous, make jealous 따위의 관용구도 활용되며, "당신이 부럽습니다."의 관용표현으로는 I envy you. / You're lucky. 등과 같이 표현할 수 있습니다.

아이 엔비 유어 썩쎄스
- **I envy your success.**
  (난 당신의 성공이 부럽군요.)

마익스 잴러스 옵 올 럽 마이 프렌즈
- **Mike's jealous of all of my friends.**
  (마이크는 내 친구들에 대해 질투합니다.)

마이 와잎- 이즈 베리 퍼젯시브
- **My wife is very possessive.**
  (내 아내는 매우 소유욕이 강합니다.)

데이 올웨이즈 인시슷 온 모노폴라이징 더 컨버쎄이션
- **They always insist on monopolizing the conversation.**
  (그들은 자기주장만 합니다.)

아이 위쉬 아이 워 애즈 파퓰러 애즈 쉬 이즈
- **I wish I were as popular as she is.**
  (내가 그녀처럼 인기가 있으면 좋을 텐데.)

무조건 따라하면 영어회화가 된다

아이들에게 결코 기죽지 않고 당당한 엄마가 되려면 영어회화에 능수능란까지는 아니더라도 여기에 제시된 표현 정도는 익혀두어야 자녀의 학습을 이끌어주는 주체자로서의 충분한 자질과 자격을 갖추게 되는 것입니다. 일단 이 책에 제시된 일상생활에서 유용하게 활용되는 기초적인 표현부터 익혀서 엄마도 영어회화를 할 수 있다는 사실을 남편이나 아이들에게 보여줄 필요가 있습니다.

무엇보다도 일상생활 속에서 자주 활용해 봄으로써 먼저 입을 틔우는 것이 급선무입니다. 그래야만 자신감이 생겨서 영어회화에 대한 두려움을 제거할 수 있기 때문입니다. 물론 입을 여는 것 못지않게 네이티브나 자녀의 영어발음에 귀가 뚫려야 함은 두 말할 필요도 없습니다. 왜냐하면 영어로 대화를 하여 서로 간의 의사소통이 되어야만 하기 때문이죠?

아줌마가 꼭 익혀야 할
일상생활 영어회화

CHAPTER 1

하루를 시작하는 영어표현

다소 격식을 차려야 할 경우나 혹은 손윗사람에게 사용하는 표현은 예의바른 표현을 사용하여 예의를 지키는 것이 좋으며, 아랫사람이나 굳이 격식을 차리지 않을 만큼의 관계에서는 격의 없는 표현으로 의사를 전달해도 무방합니다.

기초 표현 체험하기
- ☐☐ Get up!
- ☐☐ Sleep well?
- ☐☐ How are you?
- ☐☐ Go wash up!
- ☐☐ Get dressed!
- ☐☐ Breakfast is ready!
- ☐☐ Time to go!
- ☐☐ Have everything?
- ☐☐ For your teacher.
- ☐☐ Take care!
- ☐☐ Take an umbrella!
- ☐☐ Have a nice day!
- ☐☐ See you later!

Unit 01

Get up! [게럽]
일어나!

일반적으로 거의 매일 아침이면 유치원생이나 초등학생을 둔 각 가정마다 자녀의 늦잠으로 인하여 지각이 염려되거나 시간적으로 촉박할 때 Come on, wake up!(빨리 일어나!)이나 Hurry up! Time to go to school!(서둘러, 학교 갈 시간이야!) 등과 같은 표현을 활용하게 됩니다.

Time to wake up!에는 앞에 It's라는 표현이 생략되어 있으므로 항상 It's time to ~(~할 시간입니다.)라는 패턴문형을 외워두도록 합시다. 또한 우리가 "모닝콜(morning-call)"이라고 부르는 아침기상 예약 표현은 콩글리쉬이므로 Wake-up Call[웨이컵 콜]이라고 표현해야만 합니다.

Wake up! 일어나!

Time to get up! 일어날 시간이야!

Wake-up time! 기상 시간이야.

Unit 02

Sleep well? [슬립 웰]
잘 잤니?

이 표현은 과거형 동사를 사용하여 Did you sleep well?(안녕히 주무셨어요?)이라는 표현에서 Did you ~?를 생략하여 나타낸 표현입니다. 그런데 여기서 sleep은 동사로 쓰였고, well은 부사로 사용되었음에 유의해야 합니다.
물론 명사적 표현법으로 나타낼 경우에는 Did you have a good sleep?이나 Did you have a nice sleep?의 표현도 Did you have ~?를 생략하여 표현하기도 합니다.

Have a good sleep? 잘 잤어요?

Nice sleep? 잘 잤니?

Did you get a good sleep? 잘 주무셨어요?

Unit 03

How are you? [하—아 유]
기분 어때?

상대방의 기분이나 상태를 물어보는 표현으로써 언제라도 사용할 수 있는 가장 일반적인 인사 표현입니다.
How are you?만으로도 충분하지만 좀 더 다정함을 전할 수 있는 표현이 How are you this morning? / How are you feeling? / How are you doing now? 등과 같은 표현을 즐겨 사용하곤 합니다.
물론 이에 대한 응답은 I feel ~이나 I'm ~을 생략하여 Fine! / Good! / Okay! / Great! 등과 같이 표현하게 됩니다.

How are you feeling? 기분 어때요?

How are you doing? 어떻게 지내?

Are you feeling okay? 기분 괜찮으십니까?

Unit 04

Go wash up! [고 와쉬 업]
씻어!

아이들의 건강은 각종 세균으로부터 지켜내는 것이므로 일단 집에 들어오면 손발을 청결하게 해야만 합니다.
따라서 엄마들은 Wash your hands. / Wash your face. / Wash your teeth. / Wash your hair. / Wash your body. / Take a bath. 등과 같은 요구를 하게 됩니다.
우리가 화장실을 말할 경우에는 Toilet만을 생각하지만 그밖에 bathroom, restroom, lavatory, washroom, mans & ladies, powder room도 같은 개념으로 받아들여도 무방합니다.

Go wash yourself! 씻으세요.

Wash your hands. 손 좀 씻어.

Clean yourself up! 너 좀 씻어!

Unit 05

Get dressed! [겟 드레스트]
옷 입어!

과거분사의 수동형(p.p.)을 활용하여 어떠한 상태를 나타내는 어법으로 활용됩니다.
일반적으로 〈착용〉의 개념으로 널리 알려진 숙어에는 Put on ~이 사용되며, 〈제거〉를 표현할 경우에는 Take off ~를 사용합니다.
가령 Put on your hat. / Put on your shoes. / Put on your glasses. 등의 표현은 많이 들어봤을 것입니다.

Get dressed for school. 교복으로 갈아입어.

Go change! 옷 갈아입어!

Put on your clothes. 옷 입어!

Unit 06

Breakfast is ready!
[블랙퍼스트 이즈 레디]
아침 식사해라!

보통 아침을 breakfast, 점심을 lunch, 저녁을 dinner, supper 라고 합니다. 식사 준비가 다 되었을 때 가족을 향해 엄마가 Breakfast is (about) ready!(아침 다 됐어요.)라고 외칩니다. 오히려 자녀가 엄마에게 식사의 준비 상황을 체크하거나 독촉을 할 경우에는 Mom, are you ready for breakfast?(엄마, 아침식사 다 되었나요?)라고 되묻기도 합니다.

Breakfast time! (아침)식사시간이야!

Come eat your breakfast! 아침식사해라!

Here's your breakfast! 애들아 밥 먹어!

Unit 07

Time to go! [타임 투 고]
(학교) 갈 시간이야!

앞에서 강조한 바와 같이 It's time to ~(~해야 할 시간입니다.)라는 상용문구는 수도 없이 사용되는 표현으로써 어떤 시점의 도래를 나타낼 때 주로 활용되는 표현이며, 또한 It's about time to ~하면 "~할 시간이 거의 되다"라는 표현으로 활용됩니다.

가령, Time to eat.(식사할 시간입니다.) / Time to sleep.(잠 잘 시간입니다.) / Time to study.(공부할 시간입니다.) 등과 같은 표현도 함께 익혀두면 매우 유용하게 활용됩니다.

School time! 학교 갈 시간이야!

Time for school! 학교 가야 할 시간이야!

It's time! 시간 다 되었어!

Unit 08

Have everything? [해브 에브리씽]
다 챙겼니?

엄마의 입장에서 자녀가 방학을 마치고 개학할 때나 아니면 과제물이나 준비물을 챙겼는지 확인하고자 할 때 사용하는 표현입니다.
앞에서 강조한 것처럼 Do you have everything?(다 가지고 가니?)에서 본동사 앞부분인 Do you ~?를 생략하여 나타낸 것입니다.
또한 Don't forget ~ 처럼 자주 사용하는 문구를 활용하면 주의력을 주지시킬 때 매우 유용하게 활용할 수 있답니다.

Your homework? 과제물은?

Hey, your school shoes! 실내화는?

Don't forget your tote bag! 휴대용 가방 잊지 마라!

Unit 09

For your teacher. [포 유어 티쳐]
선생님 갖다드려.

전화를 바꿔주며, 혹은 애인이나 친구에게 선물을 하면서 It's for you.(네 거야 받아.)라는 표현을 즐겨 사용합니다.
또한 부모님이 선생님에게 수업료, 학용품, 편지, 서류 따위를 제출할 때 자녀편으로 보내게 되는데 이럴 경우에 사용되는 표현입니다.

Give this to your teacher. 이걸 선생님께 드려라.

Take this to your teacher. 이걸 너희 선생님께 갖다드리렴.

Here, this is for Mr. Brown. 이건, 브라운 선생님께 드려.

Unit 10

Take care! [테익 케어]
조심해!

작별을 하거나 헤어질 경우의 인사표현은 Take care!(안녕!)나 Good-bye!하면 되는데 상대방에게 직접적으로 조심할 것을 당부할 경우에는 Take care!외에도 Be careful. / Watch out! / Look out! 등과 같은 표현을 사용하면 됩니다.
그밖에 Help yourself.(맘껏 드세요.) / Take it easy.(편히 쉬세요.) / Do it yourself.(혼자 하세요.) / Watch out for cars!(차 조심해라!) / Behave yourself.(얌전하게 굴어요.) 등의 표현도 익혀두도록 합시다.

Take care of yourself! 조심하세요!

Be careful, OK? 조심해라!

Look out for yourself. 조심하십시오.

Unit 11

Take an umbrella!
[테이컨 음브렐러]
우산 가져가!

비가 오고 있거나 일기예보에서 비가 올 예보를 하였다면 엄마가 아이에게, 혹은 아내가 남편에게 이렇게 표현할 수 있겠죠?
상대방에게 꼭(반드시) 할 것을 확인시키고자 할 때 명령조의 말투로 Be sure to ~ 혹은 Don't forget ~라는 문형을 활용하게 됩니다.

Be sure to take your umbrella. 우산을 챙겨라.

Put on your shoes. 신발을 챙겨라.

Wear something on top. 외투를 걸쳐라.

Unit 12

Have a nice day!
[해버 나이스 데이]
즐겁게 지내!

이런 표현은 대부분 앞에 I hope you ~ 라는 문형이 생략된 표현이라고 보면 됩니다. 따라서 Have a good day! / Have a nice weekend! / Have a good time! 등과 같은 표현은 많이 들어보았을 것입니다.
또한 상대방이 여행을 갈 때 Have a nice trip!(즐거운 여행이 되길 바래.)라는 표현을 하면 상대방은 한결 기분이 좋아질 것입니다.

Have fun! 즐겁게 지내세요!

Have a nice day at school! 즐거운 하루가 되길 바래!

Have a good day at school! 좋은 하루가 되길 바래!

Have a good time! 즐거운 시간이 되길 바래!

Unit 13

See you later! [씨 유 레이러]
다녀와라!

일반적으로 작별할 때 See you again. / See you tomorrow. / See you soon. / See you then. / See you there. 등과 같은 표현이 널리 활용된다.
물론 상황에 따라 Good-bye! / Bye-bye! / So long! / Take care! / Farewell. 등도 사용되므로 반드시 익혀둡시다.

See you! 나중에 만나요.

See you this afternoon. 이따 오후에 봐!

Bye now! I'll see you in the evening.
그럼, 안녕. 저녁에 봐.

CHAPTER 2

오후에 사용할 수 있는 영어표현

실제로 자녀에게 영어로 대화를 유도할 시간이 그다지 허락되지 않습니다. 그러나 오후 시간대가 그래도 아이들과 대면할 시간이 많으므로 차츰차츰 아주 기초적인 표현부터 사용해 봅시다. 사실 아이들의 수준에 맞는 표현을 해야 하기 때문에 어린이 영어가 그렇게 녹녹하지 않으므로 소리파일을 듣고 열심히 따라해서 "엄마 발음이 왜 그래?"라는 핀잔을 듣지 않도록 합시다.

기초 표현 체험하기
- ☐☐ You're home!
- ☐☐ How was school today?
- ☐☐ Are you tired?
- ☐☐ Are you hungry?
- ☐☐ Want a drink?
- ☐☐ Any homework?
- ☐☐ Practice!
- ☐☐ Let's go shopping!
- ☐☐ Are you coming?
- ☐☐ Do you want this?
- ☐☐ Where are you going?

Unit 01

You're home! [유어 홈]
어서 와라!

흔히 밖에 나갔다가 집으로 들어서며 I'm home. / I'm back.(다녀왔어요!)이라는 말을 사용하는데 이럴 때 가족들은 그냥 Hi!라고 하기도 하지만 You're home!(어서 와!)이나 You're back!(다녀왔니!)라는 말을 활용합니다.
또한 "어서 와라."라는 의미로 가족이나 손님을 맞이하는 표현으로 Welcome home.이나 Welcome back.도 자주 사용됩니다.

You're back! 어서 와라!

You're back early! 일찍 왔구나!

Hey, you're late! 어라, 늦었네!

Unit 02

How was school today?
[하우 워즈 스쿨 투데이]
오늘 학교 어땠어?

동사의 과거형을 활용하는 표현으로 How is school?이라고 해도 무방하지만 하루의 경과를 의미하므로 How's school today?처럼 과거형을 사용하는 것이 올바른 어투라고 볼 수 있답니다.
가령 대답은 It was fun!(재미있었어요.)이나 It was bored!(지루했어요.) 등과 같이 표현할 수 있겠죠?

How was your day? 오늘은 어땠어?

Have a nice day? 즐거운 하루였니?

How was the game? 경기는 어땠니?

흔히 구어체 회화에서는 〈조동사 + 주어〉를 생략하여 표현하는 것을 많이 보았을 텐데 Have a nice day?에서는 앞에 〈Did you〉가 생략된 표현임을 알아두어야만 한다.

Unit 03

Are you tired? [아 유 타이어드]
피곤하니?

앞에서 말한 것처럼 의사소통에 중점을 둔 일상생활에서는 언어의 편리성을 고려하여 의미전달의 왜곡현상이 벌어지지 않는 이상 동사나 주어의 생략은 어느 정도 허용하고 있는데 물론 이럴 경우에는 억양이나 정황을 고려할 수밖에 없습니다. Are you tired?라는 표현에서 동사를 생략하여 You tired?라고 표현하기도 하지만 그냥 형용사인 Tired?만 사용해도 됩니다. 이를 평서문으로 표현하면 You look tired!(피곤해 보이는구나!)인데 이 표현은 tired에 억양을 두면 됩니다.

You OK? 괜찮니?

You hot? 덥니?

You look tired! 피곤해 보여!

Unit 04

Are you hungry?
[아 유 헝그리]
배고프니?

상대방이 먼저 Is there anything to eat?(먹을 것 좀 없어?)라고 요청해 올 때 이에 대한 확인하는 어투를 담은 표현으로 Are you + (형용사)?로 표현하기도 하지만 You must be ~ 라는 빈출 패턴 문형으로 묻기도 합니다. 이럴 때 I'm hungry.(배고파요.) / I'm starving.(무척 배고파요.)이라고 응답할 수 있겠죠?
또한, You must be kidding.(농담이지?) / You must be hungry.(배고프지?) / You must be tired.(피곤하지?) / You must be sad.(슬프지?) 따위와 같이 활용할 수 있어야만 합니다.

Are you thirsty? 목마르니?

Are you sleepy? 졸리니?

Want something to eat? 뭐 좀 마실래?
*Do you ~?가 생략된 표현

Unit 05

Want a drink? [워너 드링크]
음료수 좀 먹을래?

상대방에게 정중하게 음식을 권할 때 Would you like ~?라는 빈출 패턴 문형을 즐겨 사용합니다. 이에 대한 응답표현으로는 긍정하면 Yes, please.이고, 부정하면 No, thanks.라고 하면 됩니다.
흔히 식당에서 웨이터가 What would you like?(뭘 드시겠어요?)라고 주문을 요청하는 경우가 대부분인데 Would you like to order? / Are you ready to order? / May I take your order? 등도 함께 사용해도 무방합니다.

Want some water? 물 마실래?

You want something cold? 시원한 거 마실래?

Would you like to drink something?
마실 것 좀 줄까?

Unit 06

Any homework? [에니 홈웍]
숙제는 (있니)?

앞에서도 언급했지만 일상생활에서는 언어의 편리성이라는 미명하에 중심어를 제외한 부분을 생략하는 것이 일상적이기 때문에 초급자가 이러한 표현을 대할 경우에는 당황할 수도 있겠지만 억양만으로도 의사소통이 가능해야만 합니다.

물론 이러한 표현은 You have any homework?(숙제가 뭐죠?)나 Do you have any homework?(어떤 숙제가 있죠?) 둘 다 가능한 표현입니다. 그러나 You have no homework?하면 "숙제가 없나요?"라는 뜻이므로 이에 대한 응답은 I have no homework.라고 할 수 있겠죠?

You have a lot of homework? 숙제가 많니?

You have no homework? 숙제 없니?

Do your homework. 숙제를 해라.

Practice! [프렉티스]
연습해라!

누구나 아줌마가 되면 항상 Study!(공부해라.), Be quiet!(조용해라.), Be careful!(조심해라.), Don't fight!(싸우지 마.), Don't do that!(그렇게 하지 마.), Hurry up!(서둘러.), Watch out for cars!(차 조심해.), Be still!(가만히 있어.) 등의 잔소리를 끊임없이 늘어놓게 되죠?

일반적으로 무엇을 독촉하거나 종용할 때 Come on!이라고 하는데 공부나 게임을 할 때 Come on! Let's practice.하면 "자, 연습을 합시다."라는 의미로 쓰여집니다.

가령, Keep practice!(계속 연습해!) / Try it again.(다시 한번 해봐.) / Keep doing it like that.(그렇게 하면 돼.) / Do it yourself.(혼자 해봐.) 등과 같은 표현도 알아두면 편리합니다.

Go to your English class. 영어 교실에 갔다 와라.

Practice the piano. 피아노 연습을 해야지.

Don't forget go to school. 학원가는 걸 잊지 마.

Unit 08

Let's go Shopping!
[레츠 고 샤핑]
쇼핑 갈래?

구어에서 권유의 뜻으로 쓰일 때 Let us는 Let's로 축약하여 사용되는데 〈~합시다〉라는 청유의 어기를 내포하고 있으므로 사용상 유의해야 합니다.
함께 운동 경기를 하자고 할 때 Let's play tennis.라고 하며, 함께 연주를 하자고 할 때는 Let's play the piano.라고 해야 합니다. 또한 교통수단을 이용할 경우에는 Let's go by bus.라고 하면 됩니다.

Let's go grocery shopping! 반찬거리 사러 가자!

Come with me to the store. 같이 가게에 가자.

Need to buy anything? 뭐 살 거 없니?

Unit 09

Are you coming? [아 유 커밍]
너도 갈래?

상대방에게 "~에 가자."라는 청유의 표현은 Let's go ~ 라는 패턴문형을 활용한다는 사실은 알고 있을 텐데 "당신도 나와 함께 가자."라는 표현은 Come along!이라는 관용표현을 즐겨 사용합니다.

물론 Are you coming?이라는 의문 표현에서 〈동사〉를 생략하기도 하고, 또 〈동사 + 주어〉마저도 생략하여 표현하기도 합니다. Do you want to come?이라는 표현도 마찬가지로 생각해도 무방합니다.

You want to go? 가고 싶니?

You want to come along? 같이 갈래?

You want to go to a movie? 영화 보러 갈래?

Where do you want to go? 어디 가고 싶니?

Unit 10

Do you want this?
[두유 원 디스]
이거 먹을래?

여기에서도 마찬가지로 Do you want this?라는 표현에서 조동사를 생략하여 표현해도 됩니다. 흔히 손님에게 음료수나 음식을 권할 때나 물건을 권할 때 Do you want anything?(뭘 드시겠어요?)라는 표현을 즐겨 사용하는데 이럴 경우에도 조동사의 생략이 가능합니다.
영어에서 공식적인 표현은 What do you want for lunch?라고 표현하며, 아주 친하거나 부담이 없는 사이일 경우에는 그냥 Do you want ~?라고 표현해도 무방합니다.

Do you want anything? 뭐 먹고 싶니?

You want an ice-cream? 아이스크림 먹을래?

What do you want for dinner? 뭐 먹을래?

Unit 11

Where are you going?
[웨어라유 고잉]
어딜 가니?

길에서 우연히 아는 사람을 만나서 〈방향〉이나 〈목적지〉를 물어볼 때 Where are you going?이나 Where are you headed? 라는 표현을 사용하면 되고, 좀더 구체성을 드러낼 경우에는 Are you going to the park?처럼 진행형을 활용하면 됩니다. 또한 관용적으로 Where's the fire?(급히 어딜가니?) / Where are you off to? 등과 같은 표현도 활용되므로 익혀 둡시다.

Where do you want to go? 어디 가고 싶어?

Going to the park? 공원에 가는 거야?

Where should we go? 어디 갈까?

CHAPTER 3

먹고 놀 때의 표현

자녀에게 엄마의 존재감은 절대지존에 가깝죠??? 따라서 아이들의 위생관리나 안전관리는 다른 무엇보다도 중요합니다. 그래서 언제어디서나 눈을 뗄 수가 없을 만큼 불안하기 짝이 없답니다.

기초 표현 체험하기
- ☐☐ Do you want a snack?
- ☐☐ Here's a snack.
- ☐☐ Come on, wash up!
- ☐☐ Do you want anything?
- ☐☐ Do you want to play a game?
- ☐☐ What are you doing?
- ☐☐ Go and play!
- ☐☐ Don't go out!
- ☐☐ Just walk.
- ☐☐ Watch out for cars!
- ☐☐ Ask her over.
- ☐☐ Who are you playing with?
- ☐☐ Get ready to go.

Do you want a snack?
[두유 워너 스낵]
과자 먹을래?

일반적으로 상대방에게 무엇을 권할 때 Do you want something to eat?라는 문형이 편리하게 활용되지만 다소 격식을 차린 장소에서는 What would you like to drink?라는 표현을 사용하곤 합니다.

물론 관용적으로 먹을 것을 청할 때 What'll it be? / What'll you have? / What's yours? 등과 같은 표현도 활용할 수 있어야 합니다. 또한 What kind do you want?라는 표현은 What kind do you have?나 What kind do you need?와 같은 표현으로도 대응할 수 있답니다.

Care for a snack? 과자 먹을래?

What kind do you want? 어떤 거 먹을래?

What would you like? 뭘 원해?

Unit 02

Here's a snack.
[히어저 스낵]
여기 과자다.

흔히 상대방의 요청이 있을 경우에 우리가 물건을 건네주면서 Here you are. / Here you go. / Here it is. / There you go. 등과 같은 표현을 활용하게 되는데 구어에서 상대방의 주의를 환기시키고자 할 때 Here's ~ / Look here, ~ / There's ~ 라는 표현을 습관처럼 사용합니다.
상대방에게 건배를 제의할 때 Here's to you!라는 표현도 같은 맥락에서 이해하면 되며, 차를 건네주며 Here's your tea!라고 말해도 무방합니다.

Snack time! 간식 시간이야!

Come and have a snack! 간식 먹으러 와라!

Let's have a snack. 같이 간식 먹자.

Unit 03

Come on, wash up!
[커몬 와시업]
씻고 와라!

앞에서도 밝힌 것처럼 Go and wash up!(가서 씻고 와!)이라는 뜻과 동일한 표현으로 활용되며, Come on!은 그냥 재촉하는 어투로 "어서!"라는 의미로 이해하면 됩니다.
일상생활에서 아침에 일어나서도 씻고, 집에 돌아와서 씻고, 밥먹기 전에도 씻고, 자기 전에도 마찬가지인데 Wash up!하면 손과 발, 얼굴 모두를 통칭하는 표현으로 이해하면 됩니다. Wash your hands. / Wash your face. / Wash your feet. 등처럼 특정 부위를 지정해도 마찬가지의 표현으로 활용됩니다.

Wash up before you eat. 먹기 전에 씻어야지.

Wash your hands before you eat.
식사 전에 손을 씻어.

Clean up before you eat. 먹기 전에 깨끗이 씻어.

Unit 04

Do you want anything?
[두 유 원 에니씽]
뭘 원하니?

상대방의 구체적인 요구사항(일이나 행위)을 알아보기 위해 물어보는 표현으로 Do you want to do something?이나 Do you want to do anything? 모두 사용할 수 있습니다.
보통 의문문이나 부정문에서는 something을 쓰지 않고 anything을 사용하며, 다만 긍정의 답을 기대할 경우나 상대방에게 무엇을 권할 경우에는 something을 사용하는 경향이 있습니다.

You need anything? 뭔가 필요하니?

What do you want? 뭘 원하니?

What do you want to do? 뭘 하고 싶니?

You want to do anything? 뭔가 하고 싶니?

Do you want to play a game?

[두유 원투 플레이어 게임]
게임하고 싶니?

상대방에게 의견이나 견해를 구할 때 How about ～?이나 What about ～?은 "～은 어때?"라는 대표적인 표현법으로 널리 활용됩니다. 물론 Why don't you ～? / How do you like ～? / How do you feel ～? 등과 같은 표현으로도 대용할 수 있는 표현입니다.

그러나 직접적으로 물어보는 방법으로는 Do you want ～?이라는 상용어구를 사용하면 편리합니다. 어떤 〈종류〉를 물어보는 표현에는 What kind of + 명사 ～?라는 문형이 활용되는데 가령 What kind of business are you in?(어떤 사업에 종사하십니까?)처럼 표현하면 됩니다.

What kind of game? 어떤 게임?

What do you want to play? 뭐 하고 놀까?

How about a game of catch? 공 받기놀이 해볼래?

Unit 06

What are you doing?
[와라유 두잉]
도대체 무슨 일이야?

특정한 장소에서 우연히 마주치거나 예상치 못한 일이 발생하였을 때 활용할 수 있는 표현으로 사용되는데 원래는 What seems to be the problem?이라는 표현으로 상대방에게 특별한 일이 발생한 것 같은 느낌이 들 때 사용합니다.
유사한 표현으로 대용할 수 있는 표현으로 What's the matter? / What's the problem? / What's wrong? / What's going on? / Is something bothering you? / What happened? 처럼 활용해도 무방합니다.

What are you up to? 뭐 하려는 거니?

What are you going to do? 뭐 하려고 그러니?

What's going on? 대체 무슨 일이야?

What's happening? 무슨 일이니?

Unit 07

Go and play! [고 앤 플레이]
나가 놀아라!

여러분이 집에서 빈둥거릴 경우 어머니가 다소 성가신 눈초리를 하면서 이런 말을 하게 될 겁니다. 물론 Let's go and play!(자, 놀러 나가자!)처럼 let's를 덧붙여 주면 조금 뉘앙스가 달라집니다.

운동 경기를 하자고 제의할 때 Let's play tennis.라고 표현하는데 운동경기 앞에는 무관사임을 명심해야만 합니다, 피아노와 같은 연주를 하자고 할 때는 Let's play the piano.처럼 정관사를 덧붙여 주어야 합니다.

Go outside and play! 밖에서 놀다 와라.

Play outside. 밖에서 놀아라.

Let's play! 놀자!

Let's go to the playground! 운동장으로 가자.

Unit 08

Don't go out! [돈 고 아웃]
밖에 나가지 마라!

<금지>를 나타내는 명령 표현으로 Don't + 동사 ~를 사용하여 부정적으로 표현하는 경우에는 강한 어감을 나타내므로 다소 선생님이 제자들에게, 혹은 부모님이 자녀에게 할 수 있는 표현입니다.

가령, Don't move ~ / Don't talk ~ / Don't eat ~ / Don't sleep ~ / Don't ask ~ 따위처럼 활용하면 됩니다.

그밖에 유용한 표현으로 Don't bother me!(방해하지 마라!) / Don't go on like that.(그렇게 행동하지 마라.) / None of that nonsense!(바보 같은 소리!) / Easy does it.(성급하게 굴지 마라!) 등도 알아둡시다.

Stay home! 집에 있어라.

Stay inside! 안에 있어.

You should stay home. 집에 있어야해.

Unit 09

Just walk. [저슷 웍]
그냥 걸어가자.

우리나라 사람들은 쇼핑을 할 때 흔히 아이쇼핑(eye shopping)이라고 표현하곤 하는데 표준 영어표현으로 window shopping[윈도우 쇼핑]이라고 표현합니다. 이 표현에 쓰인 just는 뉘앙스가 담긴 표현으로 Just a moment.(잠깐만요.)라고 할 때처럼 비슷한 어투로 사용되는 표현법입니다. 상점에 들어서면 점원이 May I help you?라고 인사를 한 다음 Is there something in particular you are looking for?(특별하게 찾는 것이 있나요?)라고 물어오는데 이럴 때 I'm just looking around. / I'm just browsing. / I'll look around first.(우선 좀 둘러볼게요.) 등과 같은 대답을 하면 됩니다.

You can walk there. 거기는 걸어서 갈 수 있어.

Why don't you walk? 걸어서 가지 그래?

Just run over there. 저기까지 뛰어가자.

Ride your bike. 자전거로 가거라.

Unit 10

Watch out for cars!
[와치 아웃 포 카즈]
차 조심해라!

상대방에게 〈명령〉이나 〈지시〉를 할 경우에는 〈동사원형〉을 말머리에 두면 됩니다. 앞에서도 배운 것처럼 〈금지〉를 나타낼 때에는 〈Don't + 동사원형 ~〉의 상용어구가 활용됩니다. 흔히 주의를 요청하는 일반적인 표현에는 Be careful! / Watch out! / Heads up! / Look out! / Dangerous! 등이 가장 많이 사용되는데 운전하는 사람에게 Drive safely! / Drive carefully! 라고 하며, 작별할 때에는 Take care!라고 하면 됩니다.

Look both ways! 좌우를 잘 살펴!

Use the crosswalks. 횡단보도를 건너.

Look both ways before you cross the street!
도로를 건너기 전에 좌우를 잘 살펴!

Hey, be careful! 이봐, 조심해!

Unit 11

Ask her over. [에스커 오버]
(여자) 친구 불러!

파티나 행사가 있을 경우에 제3자를 초대하려고 할 때의 표현으로 Ask him over. / Ask her over. / Please ask him around.를 사용하는데 좀더 당사자에게 직접적으로 말할 때에는 Will you come over?(와 주시겠어요?)라고 초대하면 됩니다.
이러한 표현에는 "~해도 된다"라는 허락이나 가능의 어투를 지닌 표현으로 이해하면 쉽게 접근이 될 것입니다. 초대를 받았을 때 거절하려면 Count me out!(난 빼줘!)라고 표현하며, 행사에 참석하고 싶으면 Count me in!(나 좀 끼워줘!)라고 참석 명단에 넣어달라고 부탁하기도 합니다.

Ask her to come over. 그녀한테 오라고 해.

Ask him to visit. 놀러오라고 해.

Invite your friends. 친구를 초대하렴.

Unit 12

Who are you playing with? [후아유 플레잉 위드]
누구랑 놀 거니?

어떤 게임이나 놀이를 할 때의 구체적인 대상을 묻는 표현으로도 사용되지만 행선지를 묻는 것처럼 접촉하는 상대를 파악하고자 할 때에도 사용됩니다. 가령, 부모의 입장에서 밖에 나가려는 아이에게 Don't talk to a stranger!(낯선 사람하고 얘기하지 마.)라고 말할 수도 있을 것입니다.

그밖에도 Who are you waiting for?(누구를 기다리는 중이냐?) / Who are you going to meet after work?(일 끝난 후에 누구와 만날 거야?) / Who is coming with us tonight?(오늘밤에 누구랑 갈 거지?) 따위의 표현도 알아두면 편리합니다.

Who are you going to play with? 누구하고 놀거니?

Who are you going with? 누구랑 갈거니?

Who's coming with you? 누구와 같이 오니?

Who is your friend? 친구가 누구야?

Unit 13

Get ready to go.
[겟 레디 투 고]
갈 준비됐니?

어떤 행선지로 출발하기 전에 준비상황이 완료되었는지 점검하는 표현으로써 영화를 찍을 때 Are you ready?라고 감독이 외치며, 웨이터가 손님에게 주문을 받을 때 Are you ready to order?라고 말하기도 합니다.

일상생활에서 사용되는 유용한 표현을 알아보면 Are you ready to leave now.(나갈 준비됐니?) / Dinner's almost ready.(저녁 준비 다 되었어.) / Aren't you ready to go yet?(아직도 갈 준비 덜된 거니?) 등이 있으며, 관용표현으로 Let's hit the road.(출발합시다.)라는 표현도 사용합니다.

We're leaving. Get ready! 나갈 거야. 준비해!

Come on! We have to go! 자, 이제 가야지!

Move (on)! 빨리 해!, 서둘러!

CHAPTER 4

오후에서 잠잘 때까지

아이들은 의외로 게임이나 놀이에 쉽게 빠지게 되는데 그 이유는 아마도 단순모드이기 때문일 겁니다. 따라서 엄마의 유도전술이 잘 먹히기도 하므로 화를 내기보다도 온건하면서 사랑이 충만된 표현을 활용하기 바랍니다.
특히 자녀에게 씻는 습관, 공부하는 습관, 잠드는 습관 등은 신경 써서 이끌어주어야만 합니다.

기초 표현 체험하기
- ☐☐ Take a bath.
- ☐☐ Wash your hair.
- ☐☐ Dry off well.
- ☐☐ Want to see a video?
- ☐☐ Let's read.
- ☐☐ Put on your pajamas.
- ☐☐ Time for bed.
- ☐☐ Go to bed.
- ☐☐ Use the bathroom.
- ☐☐ Brush your teeth.
- ☐☐ You want a quilt?
- ☐☐ No talking!
- ☐☐ Aren't you sleepy?
- ☐☐ Lights off!

Unit 01

Take a bath. [테이커 배쓰]
목욕해라.

원래는 Let's take a bath.나 Do you want to take a bath?라는 표현인데 앞의 Let's나 Do you want to ~?를 생략한 표현법입니다. take라는 동사에는 여러 가지의 뜻이 있으나 "잡다"라는 뜻일 경우에는 Take a taxi.(택시를 타시오.)라는 표현처럼 사용되며, "가지다, 취하다"의 뜻일 경우에는 Take it or leave it.(갖든 말든 맘대로 해라.)라는 표현도 활용되고 있습니다. 그밖에도 관용적으로 Turn on the shower.(샤워기를 트세요.) / Turn off the shower.(샤워기를 잠그세요.) / Wash yourself well.(잘 씻어.) / Cut your nails.(손톱 깎아라.) 등도 사용해 봅시다.

Take a shower. 샤워해.

Go take a bath. 목욕하고 와.

You want to take a bath? 목욕할래?

Unit 02

Wash your hair.
[와시 유어 헤어]
머리를 감아라.

일반적으로 wash라는 동사는 (Will you) Wash your hands.처럼 "씻다"라는 개념으로 이해하고 있지만 화장실을 물을 때처럼 Where can I wash my hands?(화장실이 어디죠?)라고 우회적으로 활용할 수도 있습니다.

명령문으로 Be sure ~하면 "~를 명심하시오."라는 의미로 사용되며, 이를 완곡하게 표현하면 You need to ~ 라는 표현으로 대체해도 무방합니다.

Be sure to wash your hair. 꼭 머리도 감아.

Brush your teeth. 이 닦아라.

You need to wash your hair! 넌 머리 감아야 해!

Did you wash up? 깨끗이 감았니?

Unit 03

Dry off well. [드라이 옵 웰]
(수건으로) 잘 말려라.

목욕을 한 후에 "몸을 잘 닦으세요."라는 의미로 Dry yourself off. / Dry off carefully. 혹은 Wipe it off.이라고 표현해도 같은 의미로 사용할 수 있습니다.
목욕용 수건을 bath towel이라고 하며, 목욕용 옷을 bathrobe 라고 하며, 목욕용 비누를 bath soap이라 하며, 헤어드라이어 기를 hair dryer라고 부릅니다.

Dry yourself well. 몸을 잘 닦아라.

You have to dry off well. 몸을 잘 닦으세요.

You want a hair dryer? 헤어드라이어 쓸래?

Want to see a video?
[원투 씨어 비디오]
비디오 볼래?

일반적으로 Do you want to ~?라는 상용어구를 활용하는데 구어에서는 Do you ~?를 생략하여 표현하려는 경향이 강합니다. 따라서 TV나 DVD, 영화(movie)를 본다는 뜻일 경우에는 see도 가능하지만 watch도 사용해도 무방합니다.
이밖에도 What's on TV now?(지금 TV에서 뭐하지?) / What are you watching on TV?(TV에서 뭘 보니?) / What do you want to watch?(뭐 보고 싶니?) / Can I change the channel?(채널 돌려도 돼?) 와 같은 표현도 알아둡시다.

Let's watch some TV. TV 좀 보자.

Let's watch something. 뭐든 좀 보자.

You want to watch TV? TV 보고 싶어?

Unit 05

Let's read. [렛츠 리드]
책을 읽자.

앞에서 말한 것처럼 Let's ~는 상대방에게 〈권유〉를 하고자 할 경우에 사용되는 표현으로써 Let us의 단축형입니다.
가령, Let's begin.(시작합시다.) / Let's go.(갑시다.) / Let's start.(출발합시다.) / Let's talk.(얘기합시다.) / Let's see.(봅시다.) / Let's take the bus.(버스타고 갑시다.) 등과 같은 표현처럼 together라는 뉘앙스를 풍기므로 실생활에서 서로 친한 경우에 많이 사용되는 편이며, 사용상 매우 편리한 표현입니다.

I'll read you something. 뭔가 읽어줄게.

I'll read you a book. 책을 읽어줄게.

Why don't we read? 읽을거리 좀 줄까?

Unit 06

Put on your pajamas.
[풋 온 유어 퍼제머즈]
잠옷을 입어라.

옷, 모자, 구두, 안경, 장갑, 반지, 시계 따위를 착용할 땐 무조건 put on이며, 벗을 경우에는 put off, take off이라고 생각하면 됩니다. 또한 "몸에 걸치다(착용)"라는 개념에는 get into를 활용하며, 탈착의 "벗다"라는 의미로 대용되는 표현으로는 get out off라는 표현도 알아두면 편리합니다.

가장 일반적인 옷에 관한 명칭에는 clothes가 있으며, 그밖에도 dress, wear, suit 따위로 불려지므로 사용상 유의해야만 합니다.

Change into your pajamas. 잠옷으로 갈아입어라.

Get into your pajamas. 잠옷을 입어.

Come on, get changed. 자, 갈아입어.

Unit 07

Time for bed. [타임 포 베드]
잘 시간이야.

앞에서 설명한 It's time to go to ~의 문형을 활용하면 It's time to go to bed.라고 표현할 수도 있습니다만 원래는 It's time for you to go to bed.라는 표현을 간략하게 Time for bed.라고 표현해도 무방합니다.

또한, 유사한 어법으로 표현할 수 있는 Time for dinner.(저녁 먹을 시간이야.) / Time for a game.(게임할 시간이야.) / Time for a homework.(숙제할 시간이야.) 등과 같이 표현할 수 있을 것입니다.

It's bed time. 잘 시간이야.

Bed time! 잠잘 시간!

Get ready for bed. 잠잘 준비해라.

Unit 08

Go to bed. [고 투 베드]
가서 자.

앞의 표현과 다른 점은 어떤 행동이나 행위를 할 시점이 도래하였다는 표현으로 It's time to ~ 라는 빈출 패턴표현이 널리 활용됩니다. 물론 보다 더 급박하게 나타낼 경우에는 It's about time to ~ 이라고 표현하면 됩니다.
이러한 문형 뒤에는 〈to부정사(to + 원형동사)〉가 올 수도 있지만 〈for + 명사〉를 사용해도 무방합니다. 다시 말하면 이 표현은 It's time to go to bed. 혹은 It's time for bed.라고 해도 동일한 표현으로 사용될 수 있습니다.

Will you go to bed? 이제 잘래?

Go to sleep. 가서 잠자라.

Ready for bed? 잠잘 준비됐니?

Unit 09

Use the bathroom.
[유즈 더 베쓰룸]
화장실 다녀와.

우리가 말하는 〈소변〉은 영어로 pee, peepee라고 표현하며, 〈화장실〉은 Toilet, Rest Room, Lavatory, Bathroom, Men's Room 따위로 표현합니다. 그런데 그들은 우리의 문화와 조금 달라서 화장을 고치거나 씻는 개념으로서의 의미가 강하므로 유의해야만 합니다.
아이들이 소변이 염려될 때 Use the bathroom.하면 Go to the bathroom.이라는 뜻을 내포하고 있으므로 사용상 유의해야 합니다.

Did you go to the bathroom? 화장실 다녀왔니?

Did you use the bathroom? 화장실 썼니?/씻었니?

Do you have to go? 화장실 갈래?

Where can I wash my hands? 화장실이 어디죠?

Unit 10

Brush your teeth.
[브러쉬 유어 티쓰]
이를 닦아라.

치약은 toothpaste라고 하며, 칫솔은 tooth brush라고 하며, 머리솔은 hair brush라고 하는데 여기서는 동사로 사용된 경우입니다. teeth는 tooth의 복수형으로 사용되어 전체를 가리킬 때 사용됩니다. 또한, 이빨의 종류에는 송곳니는 canine tooth, 어금니는 molar, 덧니는 snaggletooth, 충치는 decayed tooth, 사랑니는 wisdom tooth, 의치는 false tooth 등이 있습니다. 아이들에게 이 닦는 것을 주지시키거나 확인시켜 줄 경우에 Don't forget to brush your teeth.(이 닦는 거 잊지 마.)라고 표현하면 됩니다.

Go brush your teeth. 이를 닦아라.

Did you brush your teeth? 이를 닦았니?

Oh, your teeth are shiny! 이가 반짝이는군!
*"양치질 했구나!"라는 뜻으로 사용된다.

Unit 11

You want a quilt?

[유 워너 퀼트]

이불 줄까?

일반적으로 침구를 나타내는 용어에는 〈어린이용 2층 침대〉를 bunk bed, 〈담요〉를 blanket, 〈베개〉를 pillow, 〈베개시트〉를 sheet, 〈침대커버〉를 bed spread라고 부르는데 유의해야만 합니다.
자녀에게 잠자리를 정돈하라고 할 때 Make your bed.(이불을 개라.)라는 표현을 사용합니다. 물론 이 때 Do you want ~? 혹은 Do you need ~?라는 문형을 사용해도 됩니다.

Want a blanket? 담요 필요해?

Need anything? 뭔가 필요해?

Warm enough? 따뜻하니?

I'll tuck you in. 재워줄게.

Unit 12

No talking! [노 토킹]
그만 떠들어!

잠자기 전의 아이들은 함께 있으면 불을 끄고도 떠들어대기 십상인데 이럴 때 사용하는 표현입니다.
일반적으로 Don't talk in bed!라고 주의를 주기도 하지만 명령형을 활용하여 제지할 경우에는 No talking!이나 Stop it!이라고 표현합니다.
거의 대부분의 부모는 그들의 아이들이 잠이 많은 것을 알기 때문에 Don't stay up too late. Go to sleep.(늦었으니, 가서 주무세요.)라고 말하곤 합니다.

Don't chat in bed! 침대에서 그만 떠들어라!
*그만 자라!

Stop talking! 입 다물어!

Be quiet now! 이제 조용히 해!

Unit 13

Aren't you sleepy?
[안츄 슬립피]
졸리지 않니?

영어의 정식 표현은 Are you sleepy?(졸리니?)이지만 약간 정감 있는 사이에서는 Aren't you sleepy?라는 표현을 사용합니다. 특히 다소 강조하는 뉘앙스를 가지고 있기 때문에 엄마가 자녀에게 말할 때 자주 사용되는 문형입니다.
자녀에게 잠자기 전에 할 수 있는 인사표현으로 Good night!(안녕.) / Sleep well!(잘 자.) / Sweet dreams!(좋은 꿈 꿔.) / Sleep tight!(잘 자거라.) / I'll kiss you good night.(키스해 줄게.) 등처럼 상황에 따라 다양하게 표현할 수 있습니다.

Trouble sleeping? 잠이 안 오니?

Can't you go to sleep? 잠이 안와?

Can't you fall asleep? 잠잘 수 없겠니?

Don't stay up too late! 늦게 자면 안돼!

Unit 14

Lights off! [라이츠 옵]
불 꺼라!

일반적으로 조명이나 볼륨을 끄거나 켤 때 turn on, turn off를 사용하여 Turn off the lights!라고 표현하여도 무방하지만 실생활에서는 Lights on! / Lights off!라는 표현을 활용하게 됩니다.
자녀에게 잠자리에서 활용하는 표현을 살펴보면 Don't stay up too late.(너무 늦게까지 있지 마라.) / Time for bed.(잘 시간이야.) / Go to sleep.(가서 자렴.) / Lights off!(불 꺼라.) / Stop it!(그만 떠들어.) / Sleep well.(잘 자.) 등을 사용합니다.

Dim the lights. (등을) 어둡게 해라.
  *"불 밝기를 조절해라."라는 의미이다.

Do you want the light on? 등을 켜둘까?

Do you want the night-light on? 취침 등을 켜둘까?

CHAPTER 5

식사를 할 때

요즘은 핵가족(nuclear family) 사회가 되다보니 가족끼리 식사할 시간이 많지 않을뿐더러 간식으로 군것질을 하게 되므로 아이들 대부분 식습관에 있어서 문제가 많습니다. 식사시간 엄수하기, 편식하지 않기, 식사예절 지키기 등을 가르쳐야 아줌마의 행복을 온전하게 지켜낼 수 있답니다.

기초 표현 체험하기
- ☐☐ What's for dinner?
- ☐☐ Do you want a taste?
- ☐☐ Please set the table!
- ☐☐ Sit down.
- ☐☐ Let's eat!
- ☐☐ Something to drink?
- ☐☐ Eat some more.
- ☐☐ Eat it up!
- ☐☐ Want some dessert?
- ☐☐ Are you full?
- ☐☐ Don't eat too much!
- ☐☐ Don't eat and talk!
- ☐☐ Don't leave the table.
- ☐☐ Pass me the jam.

Unit 01

What's for dinner?
[왓츠 포 디너]
저녁은 뭘 먹을래?

상대방에게 무엇을 권유할 때 Do you want ~?나 Would you like ~?처럼 표현하게 되는데 좀더 구체적으로 표현할 경우에는 What do you want ~?나 What would you like ~?라고 물어보면 됩니다.

〈용도, 목적〉의 전치사 for 다음에 breakfast, lunch, dinner, supper 등을 사용하면 됩니다. 가령, 입국심사를 할 때 What's the purpose of your visit?라는 질문에 대하여 (I'm here) For business. / For sightseeing. / For studying. / For vacation. 등처럼 말입니다. 물론 이럴 경우에는 for 대신 on을 사용해도 무방합니다.

What do you want to eat? 뭘 먹고 싶어?

What do you want for dinner? 저녁은 뭐 먹을래?

What would you like to eat? 뭐 먹고 싶니?

What do you feel like eating? 무얼 먹고 싶어?

Unit 02

Do you want a taste?
[두 유 워너 테이스트]
맛볼래?

정식으로 맛의 여부에 관하여 물어보는 직접적인 표현은 How does it taste?이나 What does it taste like?라고 하는데 다소 우회적으로 묻는 표현에는 Do you want a taste?라는 표현도 많이 사용되곤 합니다.
맛을 나타내는 표현에는 salty(짜다), sweet(달다), hot(맵다), mild(순하다), sour(시다), bland(싱겁다) 등과 같은 형용사가 주로 사용됩니다. 또한 〈맛있다〉라는 표현은 tasty, good, delicious, yummy 등과 같은 어휘가 활용됩니다.

Taste good? 맛있어?

Like it? 마음에 들어?

How does it taste? 맛이 어때?

Unit 03

Please Set the table!
[플리즈 셋더 테이블]
식사준비 좀 해줄래!

우리말에서 "밥상 좀 차려줘!"라는 표현에 해당되는 부탁이나 요청의 표현으로써 식탁 위에 spoon(숟가락), chopsticks(젓가락), knife(나이프), fork(포크) 등을 준비해 달라는 표현입니다.
앞에서 배운 Are you ready to eat?(식사 준비 다 되었어요?)에 대한 응답인 Breakfast is ready! / Lunch is ready! / Supper is ready! 등과는 분명히 다릅니다.

Help me set the table. 식사 준비 좀 도와다오.

Take this to the table. 이거 테이블로 가져가라.

Does everyone have a plate? 모두 접시가 있니?

Unit 04

Sit down. [씻 다운]
앉으렴.

일반적으로 자리에 앉기를 바랄 때 사용하는 표현이지만 아이들에게 다정다감한 말로 표현을 하고자 할 때에는 Please, sit down. 또는 Sit down, please.를 사용합니다.
격식을 차린 정중한 표현으로는 Please, be seated. / Please, have a seat.를 사용하며, 권유하고자 할 때에는 Would you like to sit down?(앉으시겠습니까?) / Won't you sit down?(앉으시겠습니까?) / Have a seat, won't you?(앉으시지요.) / Why don't you sit down?(앉으시지요.) 등과 같이 표현할 수 있습니다.

Sit down and eat. 앉아서 먹어.

Sit at the table. 식탁에 앉아.

Come sit at the table. 와서 식탁에 앉아.

Unit 05

Let's eat! [렛츠 잇]
자, 먹자!

식사를 시작할 때 활용하는 표현입니다. 유사한 표현으로는 Let's eat something.(뭘 좀 먹읍시다.) / Let's get a bite to eat.(가볍게 뭘 좀 먹읍시다.)를 사용합니다.

또한, "~을 하자."라는 Let's(Let us의 줄인 말) … 뒤에 말하고 싶은 동사를 넣어서 다채로운 표현을 할 수 있습니다.

예로는 Let's go.(갑시다.) / Let's speed up.(서두르자.) / Let's stop.(그만하자.) / Let's start.(출발합시다.) / Let's go shopping.(쇼핑 갑시다.) 등이 있습니다.

Ready to eat? 그럼 먹자.

Enjoy your meal. 잘 먹어.

Time to eat! 자, 먹자!

Unit 06

Something to drink?
[썸씽 투 드링크]
뭐 좀 마실래?

정식 표현은 Would you like something to drink?이지만 일상생활영어에서는 격식을 차리거나 어려운 자리가 아닌 편한 사람에게는 Would you like ~?(~하시겠습니까?)의 표현을 종종 생략하여 표현하곤 합니다.
Would you like ~? 이외에도 Would you care for ~ ?라는 표현을 사용하곤 하는데 가령, Would you care for something to drink?(마실 것 좀 드릴까요?)라고 표현할 수 있습니다.

Do you want milk or juice? 우유나 주스 마실래?

What do you want, milk or juice?
우유하고 주스 중 뭘 마실래?

Which do you want? 어느 쪽이 좋아?

Unit 07

Eat some more.
[잇 썸 모어]
좀 더 먹어.

식사 중에 상대방에게 음식을 더 권하고자 할 때 사용하는 표현으로 Would you like some more ? / Do you like some more? / Won't you have something more? 등과 같은 비슷한 표현을 사용할 수 있습니다. 상대방의 이와 같은 권유에 대한 대답으로 더 먹고 싶을 때에는 Thank you, give me some more, please.(감사합니다. 조금 더 주세요.)와 같은 표현을 사용할 수 있으며, 더 먹고 싶지 않을 때에는 No, thank you, I'm full.(감사하지만 배가 불러요.)라는 표현을 사용할 수 있습니다.
다른 비슷한 표현으로는 비스킷이나 감자칩과 같은 낱개의 음식을 먹을 때 사용하는 표현으로 "Try another one.(하나 더 먹어봐.)"를 사용할 수도 있습니다.

Want some more? 더 먹을래?

Do you want seconds? 한 번 더 먹을래?

Do you want another helping? 또 먹을래?

Unit 08

Eat it up! [이리럽]
전부 다 먹어!

아이들이 식사 도중에 음식을 남기는 경우가 많은데 이러한 상황에서 음식을 남기지 않도록 하기 위한 표현입니다. 비슷한 표현으로는 Don't leave it.(그것을 남기지 마.)의 표현이 있습니다.
또한, 아이들이 음식을 가려먹는 경우도 많은데 이때에는 Don't be such a picky eater.(편식하지 마.) / Don't just eat what you like.(좋아하는 것만 먹지 마라.) 등과 같은 표현을 사용하여 아이들에게 편식을 하지 않도록 주의를 줄 수 있습니다.

Don't leave food on your plate! 음식을 남기지 마!

Don't be choosey! 가려 먹지 마!

Don't slurp your soup. 수프 먹을 때, 소리내지 마.

Unit 09

Want some dessert?
[원 썸 디저트]
디저트 먹을래?

식사 후에 후식을 권할 때 사용하는 표현으로 Do you want some dessert?를 줄여서 표현한 것입니다. 비슷한 표현으로는 Will you have some dessert?(디저트 좀 드시겠습니까?) / What would you like for dessert?(후식으로는 무얼 드시겠습니까?)가 있으며, 좀 더 구체적으로 특정 음식을 디저트로 권할 때에는 Want some + (음식명) + for dessert?(~을 디저트로 드시겠습니까?)로 표현할 수 있습니다.
예를 들어보면, Want some ice-cream for dessert?(디저트로 아이스크림을 드시겠습니까?) / Want some chocolate for dessert?(디저트로 초콜릿을 드시겠습니까?) 등과 같이 표현할 수 있습니다.

What do you want for dessert? 디저트는 뭘 먹을래?

Some ice-cream? 아이스크림은 어때?

You want some watermelon for dessert?
디저트로 수박 먹을래?

Unit 10

Are you full? [아 유 풀]
배불러?

상대방에게 식사 도중이나 식사 후에 음식을 더 권할 경우에 상대방의 의견을 물어보거나 상대방이 잘 먹었는지를 묻기 위한 표현입니다. 이 질문에 대한 응답으로는 배가 부른 경우 Yes, I'm full.(배불러요.) / Yes, I have a full stomach.(배가 찼어요.) / I stuffed myself.(과식했어요.) 등을 사용할 수 있으며, 배가 덜 찼거나 더 먹어야 할 경우에는 No, I'm not full yet.(아직 배부르지 않아요.) / I feel hungry yet.(아직도 배가 고파요.) / I want to eat some more.(좀 더 먹고 싶어요.) 등의 표현을 할 수 있습니다.

이와 같은 상황에서 사용할 수 있는 표현 중 하나는 "그만 먹어도 될까요?"를 알아보면 Can I be excused? / May I be excused? / May I leave the table? 등과 같은 표현을 사용할 수 있습니다.

Are you full now? 이제 배불러?

Had enough? 많이 먹었어?

Did you have enough to eat? 충분히 먹었니?

Unit 11

Don't eat too much!
[돈 잇 투 머치]
과식하지 마.

일반적으로 생활 속에서 많이 먹는 사람을 돼지라고 표현하듯이 음식을 많이 먹는다는 표현 또한 "돼지같이 먹는다"는 표현은 You pig out. / You eat like a pig.라고 표현합니다. 또한 특정한 음식을 과식하지 말라고 표현할 때에는 Don't eat too much. 뒤에 음식이름을 붙여주면 됩니다. 예를 들면, Don't eat too much cookie.(과자를 너무 많이 먹지 마.) / Don't eat too much pizza.(피자를 너무 많이 먹지 마.)와 같이 나타낼 수 있습니다. 참고로 음식을 너무 적게 먹을 때의 표현은 You eat too small.(너무 적게 먹는다.) / You eat like a bird.(새처럼 먹는다.)라는 표현을 사용할 수도 있습니다.

Don't overeat! 너무 먹지 마.

Don't gorge yourself! 게걸스레 먹지 마라!

You're eating like a pig! 게걸스럽게 먹는구나!

Unit 12

Don't eat and talk!
[돈 잇 앤 토크]
먹으면서 얘기하지 마!

식사 중에 즐거운 대화를 나누는 것은 식사시간을 즐겁게 하는 활력소가 되지만 음식을 입에 넣고 말을 하는 것은 좋은 습관이 아닙니다. 부득이 한 경우 우선 간단한 대답만 한 후에 입 속의 음식을 삼킨 후에 대화를 해야 합니다.

자녀들이 음식을 입에 넣고 말할 때, 주의를 환기시켜 줄 때 사용하는 표현입니다. 비슷한 표현으로 Swallow you food and talk.(삼키고 나서 말해라.)와 같은 표현은 사용하여 좀 더 부드럽게 표현할 수 있습니다.

Don't eat and talk at the same time!
먹으면서 말하지 마!

Don't talk when you eat! 먹을 땐 말하지 마!

Don't talk with your mouth full. 음식을 물고 말하지 마.

Eat with your mouth closed. 입 다물고 먹어라.

Unit 13

Don't leave the table.
[돈 리브 더 테이블]
먹을 땐 움직이지 마.

식사 시간에 이리저리 돌아다니면서 밥을 먹는 아이들을 종종 볼 수 있습니다. 이럴 때에 사용하는 표현으로 간단하게 Don't leave.라고 표현할 수도 있습니다.
또한 식사초대를 받아 타인의 집에 간 경우에는 Settle down!(얌전히 있어라.) / Clean up your act!(행동을 조심해라!) / Behave yourself!(얌전하게 굴어라!) 등과 같은 표현을 함께 사용할 수 있습니다.

Stay at the table. 앉아 있어라.

Finish eating before you go. 일어나기 전에 다 먹어라.

Finish eating, then leave the table.
다 먹고 나서 자리를 떠나거라.

Unit 14

Pass me the jam.
[패스 미 더 잼]
잼을 건네줘.

식사 도중에 종종 표현할 수 있는 표현으로써 Pass me ~ 뒤에 음식명을 덧붙여 말해서 아주 유용하게 사용할 수 있는 표현입니다. 공손한 표현을 하려면 Please, pass me the jam. / Would you pass me the jam? / Would you mind passing the jam? 등처럼 사용할 수 있습니다.
자주 사용하는 어휘에는 salt(소금), sugar(설탕), pepper(후추), mustard(겨자), pickle(피클), mayonnaise (마요네즈), ketchup(케첩) 등이 있습니다.

Pass me the salt. 소금을 건네줘.

Pass this to everyone. 이걸 모두에게 건네줘.

Ask him to pass it. 그걸 건네 달라고 그에게 부탁해줘.

CHAPTER 6

공부를 할 때

엄마가 자녀와 함께 공부를 하게 되는 경우가 많은데 이는 아이들이 공부하는 방법을 모르기 때문일 겁니다. 아이들이 공부하는 자세나 습관이 어느 정도 잡힌 경우라면 굳이 부모가 아이들의 학습에 참여하는 것은 좋지 않은 결과를 낳을 수도 있답니다. 아이들에게 이중적인 학습시간을 부담하게 될 수도 있을 뿐만 아니라 학원이나 학교에서 가르치는 교수법과 동떨어질 수 있으므로 유의해야만 합니다.

기초 표현 체험하기
- ☐☐ Think carefully.
- ☐☐ Don't hurry!
- ☐☐ Check your answer.
- ☐☐ This is wrong.
- ☐☐ This is easy.
- ☐☐ Good job!
- ☐☐ Finished?
- ☐☐ Need some help?
- ☐☐ Try again!

Unit 01

Think carefully.
[씽크 케어플리]
잘 생각해봐.

아이와 함께 공부를 할 때 아이에게 사고력을 키워주기 위해서 위와 같은 표현을 사용하여 한 번 더 생각할 수 있게 유도할 수 있는 표현으로 비슷한 표현에는 Think it over.(그것을 곰곰이 생각해봐.) / Think it again.(다시 생각해봐.) / Think over and over.(계속 생각해봐.) / Mull it over.(곰곰이 생각해봐.) 등이 있습니다.
또한 같은 맥락에서 실생활에서 자주 사용하는 관용어구로는 Think twice before you answer.(신중하게 생각해라.)가 있습니다.

Think more carefully. 더 깊이 생각해봐.

Think for yourself. 스스로 생각해봐.

Solve the problem yourself. 스스로 문제를 풀어봐.

Unit 02

Don't hurry! [돈 허리]
서두르지 마!

자녀가 너무 서둘 경우에 자녀에게 주의를 주는 표현으로 Think carefully.(잘 생각해봐.)라는 표현을 사용하기 전에 사용할 수 있습니다.

가령, 시간의 소중함을 잘 모를 경우에는 Don't waste your time.(시간 낭비하지 마라.)이라고 충고하며, 시간을 끌 경우에는 Don't be long.(꾸물대지 마라.)라고 재촉하며, 잘 모를 경우에는 Don't ask me.(난 몰라.)라고 표현하면 됩니다.

유사한 표현으로는 Take it easy. / What's the hurry? / Take you time. / Let's slow down. 등이 있습니다.

You don't need to hurry. 서두를 필요 없어.

Don't rush! 덤벙대지 마.

There's lots of time. 시간은 많아.
*"여유가 있다"는 표현이다.

Check your answer.
[첵 유어 앤서]
답을 확인해라.

자녀와 문제를 풀고 나서 답을 확인할 때 사용하는 표현으로 간단히 Check it. 혹은 Check it out!으로 표현할 수 있습니다. 가령, I solved the problem.(그 문제를 풀었다.)와 '추측해서 찍다'라는 의미를 가지고 있는 guess를 사용하여 I took a guess on all the answers.(답을 다 찍었다.)와 같은 표현을 덧붙여 응답할 수 있을 것입니다.
관련된 어휘로는 해답지(answer key), 정답(correct answer), 오답(wrong answer) 등이 있습니다.

Look it over. 그걸 확인해 봐.

Read it over. 다시 읽어봐.

Let's make sure. 확인해 보자.

You'd better check it. 체크하는 게 좋아.

Unit 04

This is wrong. [디씨즈 롱]
여기 틀렸어.

정답을 확인 후에 하는 표현으로 This is wrong answer.(이것은 오답이다.)의 줄인 표현이며, 더 간략하게 표현하면 Wrong.(틀렸어.)라고 단정적으로 표현할 수도 있습니다. 반대로 답이 맞았을 경우에는 This is right.(정답이야.) / Right.(정답.) / Bingo!(맞았어.) 등과 같은 표현을 사용합니다.

위와 같은 표현에 대한 대답으로는 My mistake.(제가 실수했네요.) / It's an untouchable.(까다로운 문제예요.) / I can't believe it.(그럴 리가 없어요.) / I don't know the problem.(그 문제를 잘 모르겠어요.). / The problem is too difficult to solve.(풀기에 너무나 어려운 문제이다.) 등의 표현을 사용할 수 있습니다.

Here's a mistake. 여기 실수가 있어.

You got this wrong. 너, 여기 틀렸어.

You made a mistake. 실수했구나.

Unit 05

This is easy. [디씨즈 이지]
이건 간단해.

아이들이 문제를 어려워 할 때 그렇지 않다는 것을 보여주기 위한 표현입니다. 비슷한 표현으로는 a piece of cake, a breeze, picnic, a cinch, a snap 등과 같은 관용구를 활용하여 It's a piece of cake. / It's a breeze. / It's picnic. 등과 같이 사용할 수 있으며, 의미는 "누워서 떡먹기이다."라는 의미를 가지고 있습니다.

함께 사용할 수 있는 표현으로는 Let's solve the problem again.(다시 한 번 풀어보자.) / Take a look again.(다시 한 번 봐봐.) / Sleep on it.(잘 생각해 봐.) / That's not like you.(너답지 않구나.) 등이 있습니다.

This is no problem. 이건 문제없어.

There is nothing to it. 아무 것도 아냐.

You can do this easily. 너라면 이것을 쉽게 할 수 있어.

Unit 06

Good job! [굿잡]
잘 했구나!

정답을 맞추거나 맡은 일을 완수했을 때 칭찬을 해줌으로써 더욱 신이 나서 열심히 할 수 있도록 하는 칭찬의 표현으로써 You did a good job.을 줄여서 표현하곤 합니다.
칭찬의 표현 여러 가지를 좀 더 알아보면 Well-done!(잘 했어!) / Pretty good.(훌륭해.) / Right on.(잘 했어.) / Terrific!(참 훌륭해!) / That's good.(잘 했어.) 등을 사용할 수 있습니다.

That's great! 대단하네!

You did a good job! 잘했구나!

You're right! 네가 맞아!

Way to go! 그래, 그렇게 해!

Unit 07

Finished? [휘니쉬트]
끝났어?

정식 표현으로는 Are you finished?이지만 실생활에는 위와 같이 줄여서 표현하곤 합니다. 이에 대한 대답으로 다 끝났을 때에는 I finished.(끝냈다.) / I got through with my homework.(숙제를 끝마쳤어요.) / I'm done.(끝마쳤다.) / Done!(끝냈다.) 등의 표현을 쓸 수 있으며, 끝내지 못했을 경우에는 It's not finished yet.(아직 못끝냈어요.) / I need more time.(시간이 더 필요해요.) / Not yet.(아직요.) / I still have a way to go.(아직 멀었어요.) 등을 사용할 수 있습니다.

All done? 전부 끝났어?

Did you finish your homework? 숙제 끝냈니?

Did you finish working? 공부 끝났어?

Need some help?
[니드 썸 헬프]
뭘 도와줄까?

상대방이 도움을 필요로 하다고 느껴질 때 상대방에게 하는 표현으로 원래의 표현은 Do you need some help?(당신은 도움이 필요합니까?)이며, 그냥 "Do you ~?"를 생략하여 편리하게 사용하곤 합니다.
좀 더 응용을 해본다면 Need some help with your book?(가방을 들어줄까?) / Need some help with your homework?(숙제를 도와줄까?) 등의 표현을 할 수 있습니다.

Can I help you? 도와줄까?

Let me help you. 도와줄게.

Anything I can do? 내가 해줄 것이 있니?

I can give you a hand. 도와줄게.

Unit 09

Try again! [트라이 어겐]
다시 해봐!

조금만 더하면 정답이나 성공에 도달할 것 같은 상황에서 상대방이나 아이들에게 다시 한 번 해볼 것을 권유하는 표현으로 널리 쓰이고 있습니다. "One more try.(다시 한 번 해봐요.)" 또한 자주 쓰이는 표현입니다.
⟨try to (do)⟩는 "~하려고 시도하다, ~하려고 노력하다"의 의미로 사용되며, ⟨try -ing⟩는 "시험삼아 해보다"의 의미이므로 사용시 주의를 기울여야 합니다.

Try it once more! 한 번 더 해봐!

Do it once again. 다시 한 번 해봐.

You must try! 해봐야 해!

CHAPTER 7

명령이나 주의를 줄 때

앞에서도 언급하였지만 아이들의 사고는 일차원적이기 때문에 상대방에 대한 배려나 양보가 다소 부족합니다. 따라서 가정에서 엄마가 예의범절부터 가르치는 것이 매우 중요합니다. 아이들에게 무조건적으로 명령을 하면 부작용이 초래되므로 혼을 내거나 충고를 할 경우에는 그 이유를 설명해주는 것이 필요합니다.

기초 표현 체험하기
- ☐☐ Don't fight!
- ☐☐ Behave!
- ☐☐ Be quiet!
- ☐☐ Be still!
- ☐☐ Stop it!
- ☐☐ Don't talk back!
- ☐☐ Don't be mean!
- ☐☐ Listen (carefully)!
- ☐☐ Tidy up!
- ☐☐ Don't be late!
- ☐☐ Stop watching TV!

Unit 01

Don't fight! [돈 파잇]
싸우지 마!

일상생활 속에서 아이들끼리 서로 종종 싸우는 것을 볼 수 있습니다. 이럴 때 싸움을 말리기 위해 사용하는 표현이며, 이러한 표현과 함께 Why don't you come to terms each other?(서로 화해해라.) / Shake and be friends again.(악수하고 화해해라.) / Let's make up!(서로 화해합시다!) 등을 사용할 수 있습니다.

〈Don't + 동사 ~〉를 사용함으로써 동사의 행위를 금지하는 표현으로 다양하게 표현할 수 있습니다. 예를 들면, Don't eat.(먹지 마.) / Don't go.(가지 마.) / Don't do that.(하지 마.) 등과 같이 표현할 수 있습니다.

Get along! 사이좋게 지내라!

Be nice to each other! 서로 착하게 지내라!

Break it up! 그만둬!

Stop bickering! 말다툼하지 마!

Unit 02

Behave! [비헤이브]
예의바르게 행동해!

이웃의 초대를 받아 아이와 함께 이웃의 집을 방문한 경우에 아이가 버릇없이 행동하고 여기저기 소란스럽게 돌아다닐 때 사용할 수 있는 표현입니다. 부모가 어린이에게 주의줄 때도 흔히 사용하지만, 어른들 사이에서도 곧 잘 사용하는 표현입니다.

어른에게 사용할 때에는 Please, behave yourself.(좀 점잖게 행동하세요.)와 같이 표현할 수 있습니다. 이와 관련된 재미있는 표현으로는 학교의 복도 벽에 "Elephant Walk"라고 쓰여진 것을 볼 수 있는데 이것의 의미는 "코끼리처럼 얌전히 점잖게 걸어다녀라"라는 표현입니다.

Be a good girl. 착한 애가 되야지.

Don't act up! 말썽부리지 마!

Calm down! 침착해라!

Mind your manners! 행실을 제대로 해!

Unit 03

Be quiet! [비 콰이엇]
조용히 해!

아이들이 소란스러울 때 아이들에게 주의를 주기위해 표현하거나 상대방에게 조용히 해줄 것을 부탁할 때 쓰는 표현입니다. 비슷한 표현으로는 Keep silence.(조용히 해.) / Bottle it.(입을 밀봉해.) / Keep quiet.(조용히 해.) 등이 있습니다. 하지만 상황에 따라서 Shup up!(입 다물어!) 등의 표현은 상대방의 기분을 불쾌하게 할 수 있으므로 완곡한 표현을 사용하는 것이 좋습니다. 완곡한 표현으로는 Please keep silence.(조용히 해주세요.) / Would you please be quiet?(좀 조용히 해주시겠어요?) 등과 같은 표현도 사용할 수 있습니다.

Shush! 쉿!

Hush up! 조용히!

Shut up! 입 다물어!

Watch your mouth! 말조심해!

Be Still! [비 스틸]
조용히 있어!

공공장소나 다른 집에 방문했을 경우에 아이들에게 얌전히 있을 것을 요구하거나 주의를 줄 때 사용하는 표현인데 Calm down.과는 어감이 좀 다른 표현입니다.
위와 같은 표현과 어울리는 비슷한 표현으로는 Don't make a scene.(소란피우지 마라.) / What's going on?(무슨 소란이야?) 등이 있습니다.

Sit still! 조용히 앉아 있어!
*Stay still!

Don't squirm! 꼼지락 거리지 마라.(얌전히 있어.)

Stop moving! 돌아다니지 마!

Stop it! [스탑 잇]
그만둬라!

상대방의 어떤 행동의 중단을 촉구할 때 사용하는 표현입니다. 유사한 표현으로는 Knock it off.(그만둬.) / Hold it.(그만둬.) / Don't do that.(그러지 마.) / Cheese it.(그만둬.) 등이 있습니다.
〈stop -to〉는 "~하려고 멈추다"의 뜻이고, 〈stop -ing〉는 "~하는 것을 멈추다"의 뜻입니다. 예를 들면, I stopped fighting.은 "나는 싸움을 멈추었다."이고, I stopped to fight.은 "나는 싸우려고 걷다가 멈추었다."의 표현이 됩니다.

Stop doing that! 그런 짓 그만해!

Leave it! 내버려둬!

Leave it alone! 손대지 마!
*"혼자 있게 해줘!"라는 뜻으로 Let it be.라는 표현과 유사하다.

Unit 06

Don't talk back!
[돈 톡 백]
말대답하지 마!

자녀들이 부모에게 말대답을 할 때 주의를 주기 위한 표현으로 사용되며 '되받아 말하다' 의 의미를 가진 'talk back' 을 사용하여 표현할 수 있습니다. 비슷한 표현으로는 Don't give back. / Don't answer back. / Don't sass me. / Don't retort. 등이 있습니다.

유사하게 사용할 수 있는 표현들로는 You are being fresh.(버릇이 없군.) / You don't have an attitude.(무례하군요.) / Where are your manners?(매너가 없군요.) / Don't be fresh.(버릇없이 굴지 마라.) 등이 있습니다.

Don't talk back to me! 엄마한테 말대답하지 마!

Do what I tell you! 엄마 말대로 해!

Do what you're told! 들은 대로 해!

Don't be mean! [돈 비 민]
심술부리지 마!

mean은 주로 "의미하다, 의도하다"의 뜻으로 많이 사용되지만 미국사람들은 구어에서 'mean'을 사용할 경우의 그 의미는 '심술궂은, 짓궂은, 성질이 나쁜'의 뜻을 가지고 있으며, ⟨Don't be + 형용사⟩의 문형 뒤에 표현하고자 하는 형용사를 넣어서 '~처럼 되지 말아라' 라고 표현할 수 있습니다.
또한 부사 'so'를 넣어서 Don't be so mean.(그렇게 심술궂게 하지 마라.)처럼 사용할 수도 있습니다.

Don't be nasty! 못된 짓하면 안 돼!

Don't be so cruel! 그런 심한 짓하면 안 돼!

Be good! 착한 애가 되어야지!

Unit 08

Listen (carefully)!
[리슨 (케어플리)]
들어봐!

상대방에게 주의를 환기시키거나 자신의 이야기를 말하고자 할 때 사용하는 표현으로 I'm telling you.(내 말 좀 들어봐.) / Listen to me.(들어봐.) 등도 자주 사용됩니다.
비슷한 표현으로는 May I have your attention?(주목해 주시겠습니까?) / Please give me your attention for a while.(잠시만 주목해 주십시오.) / Attention!(주목!) 등이 있습니다.

Listen to me! 내 말 좀 들어봐라!

Listen to what I say! 엄마 얘기 좀 들어봐라!

How many times did I tell you that?
여러 번 얘기했잖니?

Unit 09

Tidy up! [타이디 업]
정리해라!

자녀들이 장난감을 가지고 놀다가 아무데나 놓아서 집안이 많이 지저분해 지는 경우가 많은 데 이 때 아이들에게 할 수 있는 표현입니다. 함께 쓸 수 있는 표현 중에 하나는 〈be동사 + -ing〉 사이에 'always'를 넣음으로써 불만을 표현하는 말을 만들 수가 있습니다.
예를 들면 '어지럽히다'의 뜻을 가진 mess up을 사용하여 You are always messing up the living room.(너는 항상 거실을 어지럽히는구나.)의 표현을 만들 수가 있습니다.

Put your things away! 네 것을 치워라!

Pick up your things! 네 것을 주워라!

Your room is a mess! 네 방은 엉망이야!

Help me clean up. 청소를 도와다오.

Unit 10

Don't be late! [돈 비 레잇]
늦지 마!

자녀들에게 "밤늦은 시간까지 밖에 있지 말고 일찍 들어와라."고 하는 관용표현으로써 Be prompt!(시간을 엄수해.) / Be punctual!(시간을 잘 지켜!) 등의 표현과 함께 사용할 수 있습니다.

이와 관련된 표현들을 알아보면 자녀들의 통금시간을 정하는 경우도 있는데 이럴 때의 '통금시간'은 curfew라는 어휘를 사용합니다.

또한 통금시간을 어겨서 외출금지를 당했을 때의 '외출금지'에는 grounded라는 표현을 사용합니다. 예를 들면, I kept my curfew.(나는 내 통금시간을 지켰어.) / I'm grounded.(나 외출금지야.) 등과 같이 표현할 수 있습니다.

Don't stay out too late! 늦게까지 밖에 있으면 안 돼!

Don't be out too late! 늦게까지 외출은 안 돼!

Come home before dark! 어두워지기 전에 돌아와라!

Unit 11

Stop watching TV!
[스땁 와칭 티비]
TV 좀 그만 봐라!

자녀와 항상 씨름하는 것 중 하나가 바로 텔레비전과의 전쟁이라고 해도 틀린 말이 아닐 정도로 하루에도 몇 번씩 자녀들에게 자주 사용하는 표현 중 하나입니다. 또한 자녀들이 텔레비전 바로 앞에서 눈이 나빠질 정도로 가까이 앉는데 이런 경우에는 Keep your distance.(어느 정도 거리를 둬라.)의 표현을 사용할 수 있습니다.

〈Stop + -ing ~〉의 표현은 어떤 행위에 대한 중지를 요구하는 표현으로 stop 뒤의 동사에 -ing을 붙여 표현함으로써 다양한 표현들을 할 수 있습니다. 예를 들면, Stop smoking.(담배 피우지 마라.) / Stop talking.(말하지 마라.) / Stop rushing.(보채지 마라.) 등의 표현을 만들 수 있습니다.

Turn that TV off! TV 좀 꺼라!

Turn off the TV! TV 꺼!

You watch too much TV! TV를 너무 오래 보는구나!

무조건 따라하면 영어회화가 된다

해외여행을 계획할 때 가장 염려가 되는 부분이 바로 현지인(외국인)과 영어로 어떻게 의사소통을 하느냐?인데 맨날 솥뚜껑 운전만 하다가 그것도 가족과 함께 가려니 암담한 심정이 들 것입니다.

그렇다고 가이드를 데리고 갈 수도 없고 정말 갑갑할 텐데 주머니 속에 이 책 한권이면 만사 Okay[오우케이]입니다. 세상물정엔 다소 어눌해도 한번 한다하면 얼마든지 가능하다는 걸 가족들이 보는 앞에서, 세계인들과 어깨를 당당하게 펴길 바랍니다.

Part 3

아줌마와 함께 하는
지구촌 여행영어

CHAPTER 1

여행영어 워밍업

해외여행을 할 때는, 출발 전에 그 나라에 대한 사전정보와 지식을 알아두는 것이 필요하며, 더구나 외국으로 여행갈 땐 영어회화를 할 줄 알면 여행이 즐거워지고 훨씬 더 재미 있는 여행을 할 수가 있습니다. 우선 생기초부터 챙기고 난 다음에 차츰 상황별, 주제별 영어회화를 익히도록 합시다.

Unit 01
해외에서의 표시 · 게시 용어

아줌마, 표지판 모르면 바보되기 십상이다?
차라리 잘 모를 땐 까막눈이 더 낫다, NO!!!

해외여행을 할 때 상식적으로 알고 있어야 할 각종 알림표시나 게시 용어와 관련된 영어표현이 금방 떠오르지 않을 때가 있습니다. 이럴 때 현장에서 바로바로 사용할 수 있는 용어를 익혀두면 난처한 상황에 직면하였을 경우에도 슬기롭게 대처할 수 있는 힘이 되기도 한답니다.

● 화장실
OCCUPIED[아큐파이드] 사용중
VACANCY[베이컨시] 비어있음
LADIES[레이디즈] / WOMEN[위민] 여성용
GENTLEMEN[젠틀맨] / MEN[멘] 남성용

● 정수기 *수도물
COLD[코올드] 찬 물
HOT[핫] 더운 물

● 문이 있는 곳
ENTRANCE[엔트런스] 입구
EXIT[에그짓 / 엑시트] 출구
EMERGENCY EXIT[이머전시 에그짓] 비상구 *Fire Exit(화재용 비상구)
PUSH[푸쉬] 미세요
PULL[풀] 당기세요
OPEN[오픈] 개점
CLOSED[클로우즈드] 폐점

● 주차장의 출입구
　FULL[풀] 만차
　ENTRANCE[엔트런스] 입구
　EXIT[에그짓 / 엑시트] 출구
　HANDICAPPED[핸디캡트] 장애인 전용주차장
　CUSTOMER PARKING[커스터머 파킹] 고객 전용주차장

● 레스토랑
　VALET PARKING[밸릿 파아킹] 주차요원이 있는 주차장
　RESERVED[리저브드] 예약석
　NO SMOKING[노우 스모킹] 흡연금지
　PLEASE WAIT TO[플리즈 웨잇투] 자리가 날 때까지 대기하시오
　BE SEATED[비 시티드] 착석(앉으시오)

● 기타
　SOLD OUT[소울드 아웃] 매진
　OUT OF ORDER[아우롭 오더] 고장
　INFORMATION[인포메이션] 안내
　ELEVATOR[엘리배이터] 엘리베이터
　STOP[스탑] 멈춤
　DANGER[데인저] 위험

Unit 02

각종 숫자 및 사이즈 용어

 숫자 놀음 영어표현이 가장 쉽다? 이것만 알아도 여행이 즐거워진다!

각 나라마다 사용하는 도량형의 측정 기준(규격)이 다르므로 길이, 넓이, 부피, 무게, 거리, 크기 등의 규격에 관하여 어느 정도 알아둘 필요가 있습니다. 그래야 즐거운 여행이나 쇼핑을 할 수 있기 때문입니다.

■ 숫자에 관한 표현

구분	기수(cardinal)	서수(ordinal)	비고
0	zero[지로]	zeroth[지로쓰]	*naught[놋], 0[오우]
1	one[원]	first[퍼스트]	
2	two[투]	second[쎄컨]	
3	three[쓰리]	third[써드]	
4	four[포]	fourth[포쓰]	
5	five[파이브]	fifth[핍쓰]	
6	six[식스]	sixth[식스쓰]	
7	seven[세븐]	seventh[세븐쓰]	
8	eight[에잇]	eighth[에잇쓰]	
9	nine[나인]	ninth[나인쓰]	
10	ten[텐]	tenth[텐쓰]	
11	eleven[일레븐]	eleventh[일레븐쓰]	
12	twelve[트웰브]	twelfth[트웰브쓰]	
13	thirteen[써틴]	thirteenth[써틴쓰]	
……	……	……	
100	hundred[헌드러드]	hundredth[헌드러드쓰]	*one을 붙임
1,000	thousand[싸우젼드]	thousandth[싸우젼쓰]	*one을 붙임
10,000	million[밀리언]	millionth[밀리언쓰]	*one을 붙임

● 배수
half[하프] 절반
single[싱글] 단일
double[더블] 2배
triple[트리플] 3배
quadruple[쿼드러플] 4배

once[원스] 1회, 1배
twice[투와이스] 2회, 2배
three times[쓰리 타임즈] 3회, 3배
four times[포 타임즈] 4회, 4배

● 연도, 년, 월 일
1980[나인틴 헌드러드 앤 에잇티]
2008[투 싸우전 앤 에잇]

● 전화번호
402-0456[포 지로 투 대시 지로 포 화이브 식스]
  *0은 zero[제로], naught[놋]이라고도 표현함
011-354-1687[지로 원 원 대시 쓰리 화이브 포 대시 원 식스 에잇 쎄븐]

● 길이(linear)
1inch[원 인치] = 2.54cm
1foot[원 피트] = 12inches *0.3m
1yard[원 야드] = 3feet
1rod[원 로드] = 5.5yards
1mile[원 마일] = 320rods *1.6km
1mm[원 밀러미터]
1cm[원 센티미터]
1m[원 미터] *meter
1km[원 킬로미터] *kilometer

● 넓이(square)
  1㎠[원 제곱 센티미터] *제곱 센티미터 대신에 센티미터 스퀘어드를 사용해도 무방하다.
  1㎡[원 제곱 미터]
  1㎢[원 제곱 킬로미터]
  1acre[원 에이커]
  1ha[원 헥타르]
  1square[원 스퀘어]

● 부피(bulk) *liquid(액체)/cubic(체적)
  1cc[원 씨씨] = 1g *cubic centimeter
  1dℓ [원 데시리터] *deciliter
  1mℓ [원 밀리리터] *milliliter
  1ℓ [원 리터] *liter
  1gallon[원 겔론]

● 무게(weight)
  1dram[원 드램] = 1.772gs
  1ounce[원 온스] = 16drams
  1pound[원 파운드] = 16ounces
  1g[원 그램] = 1cc *gram
  1kg[원 킬로그램] = 1000gs
  1t[원 톤] = 1000kgs *ton

● 치수(size)
  XS[엑스 스몰] = extra small
  S[스몰] = small
  M[미들] = middle
  L[라쥐] = large
  XL[엑스 라쥐] = extra large

● **각국의 주요 화폐 단위**
　yen[엔] *¥
　yean[위엔] *元
　won[원] *₩
　dollar[달러] *$　*cent(penny), nickel(5cent), dime(10cent), quarter(25cent)
　pound[파운드] *£
　mark[마르크]
　peso[페이소]
　ruble[루블]
　shilling[실링]

How beautiful!

Unit 03

자주 사용되는 기본 표현

기초 표현은 익혀주면 보약이 된다?
영어회화는 짧게 표현하기가 훨씬 더 어렵다!

영어표현에서도 짧지만 긴요하게 활용되는 것들이 많은데 그 가운데에서 일상적으로 빈출되는 기본적인 표현을 익혀두면 언제 어디서나 유용하게 쓸 수 있답니다. 가령, 숫자, 인명, 지명 등과 같은 표현은 사전 지식을 갖추는 것이 매우 중요합니다.

♠ 유용한 기본 표현

예 스 / 노 우
- **Yes. / No.**
  (예. / 아니오.)

왓 타임 두 유 해브
- **What time do you have?**
  (지금 몇 시입니까?)
  *What time is it now? / Do you have the time? 등과 같이 활용해도 무방하다.

플 리 즈
- **Please.**
  (부탁입니다.)
  *이 표현은 만병통치약인데 요청할 때, 사과할 때, 부탁할 때 등 널리 활용된다.

생 큐
- **Thank you.**
  (감사합니다.)
  *Thanks. 혹은 Thank you very much.라고 표현하기도 한다.

유 어 헬 컴
- **You're welcome.**
  (천만에요.)
  *사과나 감사의 인사말에 대하여 Don't mention it. / Not at all.이라는 표현도 자주 활용 된다.

와 이
- **Why?**
  (왜 입니까?)

왓
- **What?**
  (무엇입니까?)

웬
- **When?**
  (언제입니까?)

웨 어
- **Where?**
  (어디입니까?)

후
- **Who?**
  (누구입니까?)

위 치
- **Which?**
  (어느 것입니까?)

하우
- **How?**
  (어떻게 합니까?)

히어
- **Here.**
  (여기입니다.)

데어
- **There.**
  (저기입니다.)

저스터 미닛
- **Just a minute.**
  (잠시 기다려주십시오.)
  *One moment. / Half a moment. / Wait a moment. / Just a moment. 도 같은 표현이며, 전화상에서 Please hold the line a second.라고 표현한다.

순
- **Soon.**
  (바로.)

낫 옛
- **Not yet.**
  (아직 안 됐습니다.)

레이러
- **Later.**
  (나중에요.)

아이 언더스텐드
- **I understand.**
  (알겠습니다.)
  *구어에서는 Oh, I see. / I know.라는 표현도 즐겨 사용한다.

아이 돈 언더스텐드
- **I don't understand.**
  (이해가 가지 않습니다.)

아이 돈 노우
- **I don't know.**
  (모릅니다.)

아이 띵 쏘
- **I think so.**
  (그렇게 생각합니다.)

아이 돈 띵 쏘
- **I don't think so.**
  (그렇게 생각하지 않습니다.)

(댓츠) 올 롸잇
- **(That's) All right.**
  (좋습니다.)

댓츠 오케이
- **That's OK.**
  (괜찮습니다.)
  *상대방의 배려나 염려에 대하여 Okay! / No problem.(신경쓰지 마십시오.)라는 표현을 활용한다.

익스큐즈 미
- **Excuse me.**

    (실례합니다.)

    *사람을 부를 때 혹은 지나갈 때 등 다양하게 활용되는 표현이다.

파든 미
- **Pardon me.**

    (죄송합니다. / 용서해 주세요.)

    *사죄하거나 용서를 구할 때에도 I'm sorry.와 함께 자주 사용된다.

아임 소리
- **I'm sorry.**

    (미안합니다.)

아이머 커리언
- **I'm a Korean.**

    (나는 한국인입니다.)

익스큐즈 미
- **Excuse me?**

    (뭐라고 말씀하셨습니까?)

    *I'm sorry.라는 말을 먼저 꺼낸 다음 Pardon me? / Come again? / What did you say? / What was it? 등 을 대용해도 무방하다.

라잇 잇 다운 플리즈
- **Write it down, please.**

    (써 주세요.)

어 랏
- **A lot.**

    (많이요.)

어 리틀
● **A little.**
(조금만요.)

하우 어바웃 츄
● **How about you?**
(당신 생각은 어떻습니까?)

아임 인 어 허리
● **I'm in a hurry.**
(저는 급합니다.)
*서두를 때 사용할 수 있는 표현이다.

애프터 유
● **After you.**
(먼저 하시지요.)
*가령, 순서를 양보하고자 할 때 You first.라고 해도 되지만 격이 다소 떨어진다.

고우 어헤드
● **Go ahead.**
(자, 먼저 하세요.)
*어떤 일이나 말이 진행되고 있을 때 Go on.(계속하세요.)라는 뜻으로도 쓰인다.

킵 더 체인지 플리즈
● **Keep the change, please.**
(거스름돈은 가지세요.)

♠ 인사에 관한 표현

헬로우
● **Hello.**
(안녕하세요.)

아 유 웨이링 포 섬원
- **Are you waiting for someone?**
  (누굴 기다리십니까?)

두 유 원 투 싯 다운
- **Do you want to sit sown?**
  (앉으시겠어요?)

아임 미스터 킴
- **I'm Mr. Kim.**
  (나는 김이라고 합니다.)

메 아이 애스크 유어 네임
- **May I ask your name?**
  (성함이 어떻게 되십니까?)

나이스 투 미츄
- **Nice to meet you.**
  (만나서 반갑습니다.)

나이스 데이 이즌 잇
- **Nice day, isn't it?**
  (날씨가 좋군요, 그렇죠?)

아임 프럼 커리어
- **I'm from Korea.**
  (나는 한국에서 왔습니다.)

웨어 아 유 프럼
- **Where are you from?**
  (당신은 어디에서 오셨습니까?)
  *Where do you come from?이라고 표현해도 무방하다.

왓츠 유어 내셔낼러티
- **What's your nationality?**
  (국적은 어디입니까?)

아이브 빈 데어 비포
- **I've been there before.**
  (그곳에 전에 가본 적이 있습니다.)

아이돈 노- 하우 투 세이 잇 인 잉글리쉬
- **I don't know how to say it in English.**
  (영어로 무엇이라고 하는지 모르겠습니다.)

왓 두 유 민
- **What do you mean?**
  (무슨 뜻입니까?)

아이 디든(트) 민 댓
- **I didn't mean that.**
  (그런 뜻이 아닙니다.)

두 유 언더스탠 마이 잉글리쉬
- **Do you understand my English?**
  (내가 말하는 영어를 이해하시겠어요?)

♠ 상대방에게 뭔가를 부탁할 때

메아이 애스큐 어 페이버
- **May I ask you a favor?**
  (부탁을 드려도 될까요?)
  *Can you help me?(도와주시겠어요?)와 동일한 표현이다. 그러나 May I help you?는 "무얼 도와드릴까요?"라는 뜻으로 What can I do for you?라는 표현과 같이 쓰일 수 있다.

우쥬 헬프 미
- **Would you help me?**
  (도와주시겠습니까?)
  *Can you help me? 혹은 Do you help me?라고도 표현한다.

우쥬 테이커 픽쳐 포 미
- **Would you take a picture for me?**
  (사진을 찍어주시겠습니까?)

우쥬 오픈 더 도어
- **Would you open the door?**
  (문을 좀 열어주시겠습니까?)

♠ 허락을 구할 때

- **May I _____?**
  (~해도 되겠습니까?)
  talk with you[톡 위쥬] 당신과 얘기하다
  ask you a question[애스큐 어 퀘스쳔] 당신에게 질문하다
  ask you something[애스큐 섬씽] 무엇을 물어보다
  smoke here[스모크 히어] 여기서 담배를 피우다
  sit here[씻 히어] 여기에 앉다

♣ 권유할 때

렛츠 쉐어러 테이블
- **Let's share a table.**
  (함께 앉읍시다.)

왓 두 유 세이
- **What do you say?**
  (어떠세요? / 어떻게 하실 겁니까?)
  *의견을 물을 때 가령, What do you say to a walk?(산책하시지 않겠습니까?)라고 표현할 수도 있다.

두 유 원 투 고우 섬웨어
- **Do you want to go somewhere?**
  (어딜 가고 싶으세요?)

쉘 위 고우 투 어 무비
- **Shall we go to a movie?**
  (함께 영화 보러 가실까요?)

렛츠 톡 오버 커피
- **Let's talk over coffee.**
  (커피라도 마시면서 얘기를 하시지요.)

아일 트릿 유 투데이
- **I'll treat you today.**
  (오늘은 제가 사겠습니다.)
  *상대방에게 It's on me. / It is my treat now.라고 표현할 수도 있다.

♠ 헤어질 때의 인사

캐나이 씨 유 어겐
- **Can I see you again?**
  (또 만날 수 있을까요?)

와라유 두잉 디스 위켄드
- **What are you doing this weekend?**
  (이번 주말에는 무엇을 하실 예정입니까?)

아 유 프리 넥스트 윅
- **Are you free next week?**
  (다음 주는 한가하십니까?)

왓 타임 쉘 위 밋
- **What time shall we meet?**
  (몇 시에 만나기로 할까요?)
  *시간 약속을 정할 때 When can you make it?과 유사하게 사용할 수 있는 표현이다.

웬 캔 유 메이킷
- **When can you make it?**
  (당신은 언제가 좋겠습니까?)

씨 유 레이러
- **See you later.**
  (그럼 나중에 봅시다.)

굿 바이
- **Good-bye.**
  (안녕히 가세요. / 안녕히 계세요.)
  *Bye-bye. / Farewell. / See you later. 등과 같은 작별의 표현이다.

Chapter 2

공항과 탑승

일단 기내에 탑승하면 승무원의 안내에 따라 탑승권에 제시된 좌석을 찾게 되는데 항공기 내에 들고 갈 수화물은 간단한 것만 허용하므로 유의해야 합니다. 특히 비행기의 이륙과 착륙시에는 승무원의 지시에 따라 휴대폰이나 전자기기를 꺼놓는 것을 명심해야만 합니다.

Unit 01

공항에서의 기본 사항

아줌마가 나라 망신과 품격을 살려주는 디딤돌이란 말야!
공항에서 우기는 것보다 도움을 요청하는 편이 더 낫다

공항에 도착하면 우선 여행지에서 필요한 간단한 물품이나 환전을 한 다음, 탑승수속을 하게 됩니다. 예약된 항공권을 제출하여 탑승권(boarding pass)을 교부받고, 탁송할 수화물을 데스크에 접수하여 수화물표(claim tag)를 받은 후 탑승대기를 하면 됩니다.

● 꼭 알아두어야 할 필수 용어

airline[에어라인] 항공사 *airplane(비행기)
airport[에어폿] 공항
passport[패스폿] 여권
Visa[비자] 비자
boarding pass[보딩 패스] 탑승권
airline ticket[에어라인 티킷] 항공권, 비행기표
baggage / luggage[배기쥐, 러기쥐] 수하물
tax-free shop[텍스 프리샵] 면세점 *duty-free shop
currency exchange[커런씨 익스체인지] 환전소
round trip ticket[라운 트립 티킷] 왕복권 *one way ticket/single ticket(편도)
arrival[어라이벌] 도착
departure[디파춰] 출발

♠ 공항에서의 유용한 표현

메아이 애스큐 썸 퀘스쳔
● **May I ask you some question?**
(질문 좀 해도 됩니까?)

아이드 라익 투 메이커 레져베이션 포러 플라잇 투 엘에이
- **I'd like to make a reservation for a flight to L.A.**
  (로스앤젤레스행 비행편을 예약하고 싶습니다.)
  *다소 구체적으로 예약할 경우에는 I'd like to reserve a seat on KAL Flight 201 for L.A.라고 표현하면 된다.

익스큐즈 미 아이 원투 체인지 더 플라잇
- **Excuse me, I want to change the flight.**
  (항공편을 변경하고 싶습니다.)

아이드 라익 투 캔쓸 마이 레져베이션
- **I'd like to cancel my reservation.**
  (예약을 취소하고 싶습니다.)

아이드 라익 투 체인지 마이 레져베이션
- **I'd like to change my reservation.**
  (예약을 변경하고 싶습니다.)

아이드 라익 투 컨펌 마이 레져베이션
- **I'd like to confirm my reservation.**
  (예약을 확인하고 싶습니다.)

♠ 환전할 때

웨어즈 더 커런시 익스체인지
- **Where's the currency exchange?**
  (환전하는 곳은 어디 있습니까?)

익스체인지 플리즈
- **Exchange, please.**
  (환전해 주십시오.)

체인지 디스 인투 달러즈 플리즈
- **Change this into dollars, please.**
  (이것을 달러로 바꾸어 주십시오.)

하우 머치 인 달러즈
- **How much in dollars?**
  (달러로 얼마입니까?)

왓츠 더 익스체인지 레잇
- **What's the exchange rate?**
  (환율은 얼마입니까?)

하우 머치 이즈 더 커미션
- **How much is the commission?**
  (수수료는 얼마입니까?)

캐쉬 디스 트래블러즈 첵 플리즈
- **Cash this traveler's check, please.**
  (이 여행자 수표를 현금으로 바꿔주십시오.)

Unit 02

기내에서의 관련 표현

아줌마, 아무리 재밌어도 제발 떠들지 좀 맙시다!
일단 이것저것 주문하는 아줌마의 무대뽀 정신은 이제 그만?

기내에 들어서자마자 탑승권(boarding pass)을 보고 자신의 자리가 어디인지 확인을 해야만 하는데 만약 잘 모를 경우에는 스튜어디스 (stewardess, air hostess)에게 항공권을 보여주면서 자리를 물어보면 친절하게 안내해줄 것입니다.
서비스는 비행기가 일정한 고도를 유지한 후에 시작되므로 유의해야 만 하며, 목적지에 도착하기 전에 출입국신고서나 세관신고서를 미리 준비해두길 바랍니다.

♠ 기내에 탑승할 때

우쥬 쇼미 유어 보딩 패스 플리즈
- **Would you show me your boarding pass, please?**
(탑승권 좀 보여주시겠어요?)

웨어 리즈 마이 씻
- **Where is my seat?**
(내 좌석은 어디입니까?)

두 유 쎌 텍스프리 굿즈 온 더 플라잇
- **Do you sell tax-free goods on the flight?**
(기내에서 면세품을 팝니까?)

웨어 리즈 더 래버토리
- **Where is the lavatory?**
  (화장실은 어디입니까?)

메아이 씻 히어
- **May I sit here?**
  (여기 앉아도 됩니까?)

메아이 리클라인 더 씻
- **May I recline the seat?**
  (좌석을 눕혀도 됩니까?)

익스큐즈 미 메아이 체인지 마이씻
- **Excuse me, may I change my seat?**
  (죄송하지만 좌리를 바꿔도 됩니까?)

●출입국신고서나 세관신고서 작성할 때의 용어

Family Name[패밀리 네임] 성 *Last Name
Given Name[기븐 네임] 이름 *First Name
Nationality[내셔널러티] 국적
Day[데이] 일 / **Month**[먼쓰] 월 / **Year**[이어] 년 *Date of Birth
Male[메얼] 남성 / **Female**[피메얼] 여성 *Sex
Home Address[홈 어드레스] 주소
Occupation[아큐페이션] 직업
Married[메리드] 기혼 / **Single**[싱글] 미혼
Flight Number[플라잇 넘버] 비행편
Signature[시그네춰] 사인

Unit 03

마실 것을 요청할 때

승무원을 부를 때 Hello?보다 Excuse me?라고 부르는 것이 예의다!
Please![플리즈]만 할 줄 알아도 아줌마의 영어는 초짜가 아니야?

기내에서는 승무원에게 각종 음료나 마실 것을 요청하면 즉시 가져다 줄 것입니다. 되도록이면 공손하게 Please!를 덧붙여 부탁하면 더욱 친절히 서비스를 제공할 것입니다.

캔 아이 해브 썸씽 투 드링크
- **Can I have something to drink?**
 (마실 것 좀 주시겠습니까?)

- _____ , please.
 (~을 부탁합니다. / ~을 주십시오.)

  Water[워러] 물
  Coffee[커피] 커피
  Orange juice[오린지쥬스] 오렌지 주스
  Coke[코크] 콜라
  Tea[티] 홍차

Unit 04

조금 더 원할 때

애교 어린 목소리만 섞어줘도 만사 OK!
무조건 One more, please!

동일한 종류의 것을 추가로 요청할 경우에는 부사 more를 활용하여 표현하면 됩니다. 이러한 표현은 동양적인 겸양 표현이므로 "먹는 편이 좋겠어요."라고 권할 때에는 You had better eat it.이라고 말하고 싶지만, 이렇게 말하면 "먹으시오."라고 명령하는 것처럼 들립니다. 조금 더 부드럽게 말한다면 should를 사용해서 You should eat it.이라고 말하는 편이 좋습니다. 가장 좋은 것은 〈could + 동사〉로서 You could eat it.이라고 말하면 됩니다.

■ **More _____ , please.**
(조금 더 ~을 부탁합니다.)
sugar[슈거] 설탕
coffee[커피] 커피
salt[쏠트] 소금

아임 헝그리
● **I'm hungry.**
(배가 고픕니다.)

아임 써어스티
● **I'm thirsty.**
(목이 마릅니다.)

Unit 05

뭔가를 부탁할 때

이럴 때 Please!만으로도 가능하다!
May I have ~?는 아줌마의 필수문형?

다소 격식을 갖추어 무엇인가를 요청할 경우에는 상대방에게 부탁하거나 허가를 구할 때 활용하는 May I have ~?라는 빈출 문형을 활용하면 됩니다.

메아이 해버 뉴스페이퍼
- **May I have a newspaper?**
(신문 좀 가져다주시겠습니까?)

■ **May I have _____?**
(~를 주시겠습니까?)
   a blanket[어 블랭킷] 담요
   a pillow[어 필로우] 베개
   a magazine[어 매거진] 잡지

CHAPTER 3

입국심사와 세관검사

세계 어느 나라를 가더라도 입국심사와 세관의 통과는 불가피하므로 허용 목록이나 기준을 사전에 체크하여 세금을 물거나 압수당하는 일이 없도록 해야 할 것입니다. 특히 특정한 사고나 행사와 관련된 시기에는 절차가 까다롭기 때문에 난처한 상황에 처하지 않도록 조심해야만 합니다.

Excuse me! Just a moment, please.

Unit 01

입국수속을 할 때

여권(passport)은 아줌마의 생명줄이요, 분신인 셈이다!
방문할 장소와 목적은 미리 익혀두자?

입국수속을 할 때 비교적 까다롭게 심사하는 것이 입국심사(immigration)와 세관검사(custom inspection)입니다. 입국심사장에서는 여권(passport) 체크, 입국 목적이나 일정, 체류기간 따위를 묻게 되며, 특히 출입국 관리국에서의 인적사항 확인을 통한 국제공조 업무도 병행하고 있습니다.

♠ 입국심사관의 여권에 관한 질의응답

메아이 씨 유어 패스폿
- **May I see your passport?**
  (여권을 보여주시겠습니까?)
  *Please show me your passport.이라고 표현해도 무방하다.

히어 잇 이즈
- **Here it is.**
  (여기 있습니다.)

왓츠 유어 네임
- **What's your name?**
  (당신의 이름이 무엇입니까?)

마이 네임 이즈 문필 리
- **My name is Mun-pill Lee.**
  (이문필입니다.)

♠ 입국 목적에 관한 질의응답

왓츠 더 퍼퍼스 옵 유어 비짓
- **What's the purpose of your visit?**
  (입국 목적은 무엇입니까?)

■ **For _____ .**
  (~하러 왔습니다.)
  sightseeing[싸잇씽] 관광
  business[비즈니스] 비즈니스
  vacation[베케이션] 휴가
  studying[스터딩] 유학

투 스터디 잉글리쉬
- **To study English.**(영어 공부하러 왔습니다.)

투 씨 마이 프렌즈
- **To see my friends.**(친구를 만나러 왔습니다.)

♠ 체류 기간에 관한 질문

하우 롱 윌 유 스테이 인 디 유나이티드 스테이츠
- **How long will you stay in the United States?**
  (미국에 얼마나 머물 예정입니까?)

■ **For _____ .**
  (~ 동안 머물 예정입니다.)
  five days[파이브 데이즈] 5일
  a week[어 윅] 1주
  two weeks[투 윅스] 2주
  a month[어 먼스] 1개월

♠ 체류할 장소에 관한 질문

웨 어 윌 유 비 스테잉 인
● **Where will you be staying in?**
(어디서 머물 예정입니까?)

■ **At _____ .**
(~에서 머물 예정입니다.)
the Shilla Hotel[더 신라호텔] 신라호텔
my relative's[마이 렐러티브즈] 친척집
the dormitory[더 도머토리] 학교 기숙사
a homestay[어 홈스테이] 민박

Unit 02

세관검사를 할 때

공항에서 규제와 금지사항을 몰라도 죄인취급 당한다?
출입국신고서는 옆 사람 것 베끼고 보자!

세관(customs)에서는 일정한 액수의 돈, 주류, 담배, 반입금지 품목, 각종 규제 사항에 따른 허용 물품을 위주로 확인하게 됩니다. 특히 약품, 동·식물 따위를 운반할 경우에는 사전 지식을 갖고 대처해야만 합니다.
또한 검역(quarantine)을 할 때 특별한 경우에는 예방접종증명서 (yellow card, certificate of vaccination)를 요구할 경우도 있지만 일반적으로는 간단하게 서류로 대신하게 됩니다.

♠ 세관 담당자의 질의응답

하우 머치 머니 두 유 해브
- **How much money do you have?**
  (현금은 얼마나 가지고 있습니까?)

아이 해브 어바웃 에잇 헌드러드 달러즈
- **I have about $ 800.**
  (800달러 정도입니다.)

두 유 해버 리턴 티킷
- **Do you have a return ticket?**
  (돌아갈 항공권은 가지고 있습니까?)

예스 잇츠 라잇 히어
- **Yes, it's right here.**
  (예, 여기 있습니다.)

두 유 해브 에니싱 투 디클레어
- **Do you have anything to declare?**
  (신고할 물건은 없습니까?)

나씽
- **Nothing.** (없습니다.)

아이 두
- **I do.** (있습니다.)

오픈 유어 백 플리즈
- **Open your bag, please.**
  (당신 가방을 열어주십시오.)

왓 이즈 디스
- **What is this?**
  (이것은 무엇입니까?)

- **It's _____ .**
  (그건 ~입니다.)
  a gift[기프트] 선물
  a gift for a friend[어 기프트 포러 프렌드] 친구에게 줄 선물
  stomach medicine[스타먹 메디씬] 위장약
  pain-killer[페인 킬러] 진통제
  my underwear[마이 언더웨어] 속옷
  a sanitary napkin[어 세너터리 냅킨] 생리대

♠ **유용한 세관 관련 표현**

노우 잉글리쉬
- **No English.**
 (영어는 모릅니다.)

아이 온리 스픽 커리언
- **I only speak Korean.**
 (나는 한국말 밖에 모릅니다.)

스픽 슬로우리 플리즈
- **Speak slowly, please.**
 (좀 더 천천히 말씀해 주십시오.)

익스큐즈 미
- **Excuse me?**
 (한번 더 말씀해 주시겠습니까?)

듀 유 스픽 커리언
- **Do you speak Korean?**
 (한국말을 하실 수 있습니까?)

콜 섬원 후 스픽스 커리언
- **Call someone who speaks Korean.**
 (한국말을 할 수 있는 사람을 불러주세요.)

더즈 에니원 히어 스픽 커리언
- **Does anyone here speak Korean?**
 (여기 한국말을 할 수 있는 사람은 없습니까?)

● 출입국신고서 작성할 때 유의해야 할 용어

Visa[비자] 비자
disembarkation card[디셈바케이션 카드] 입국카드
embarkation card[엠바케이션 카드] 출국카드
customs declaration[커스텀즈 데클러레이션] 세관신고
yellow card[옐로우 카드] 예방접종 증명서
family name / last name[페밀리 네임 / 래스트 네임] 성
nationality[내서낼러티] 국적
occupation[아큐페이션] 직업
age[에이지] 나이
date of birth[데잇 오브 버스] 생년월일
flight No.[플라이트 넘버] (항공기) 편 번호

*로마자표기법을 알아두면 편리하다.

CHAPTER 4

교통수단

낯선 도시를 방문하였을 경우에는 교통에 관한 정보가 무엇보다 중요한데 현지 교통상황에 익숙하지 못하면 어려움에 처할 경우가 많습니다. 이럴 때 그곳에 관한 사전 정보를 미리 입수하거나 현지의 관광안내소(tourist information)나 공공기관을 중심으로 관광 팸플릿을 별도로 확보해 둡시다.
응급시에는 콜센터 911(call center)에 도움을 요청합시다.

Unit 01

대중교통을 이용할 때

남북으로 난 길을 avenue, 동서로 난 길을 street라고 한다!
아줌마, 무임승차는 벌금을 곱빼기로 물어요?

낯선 곳에서 항공기(airplane), 버스(bus), 택시(taxi), 기차(train), 지하철(subway) 등의 대중교통을 이용할 경우에 비용문제보다는 자신이 원하는 장소와 시간이 가장 문제가 되므로 사전 정보를 얻지 못했을 경우에는 다소 불편함을 감수해야만 합니다.
시내에서는 주차문제가 심각하므로 버스나 지하철을 이용하고, 장거리여행을 할 땐 기차나 에어버스(airbus)를 주로 이용합니다.

■ **Where's the _____ ?**
(~은 어디에 있습니까?)
subway station[서브웨이 스테이션] 지하철 역
bus stop[버스 스탑] 버스 정류장
taxi stand[택시 스탠드] 택시 타는 곳
train station[트레인 스테이션] 기차 정류장

■ **When does the next _____ leave ?**
(다음 ~는 언제 출발합니까?)
bus[버스] 버스
train[트레인] 기차

♠ 여러 가지 교통수단의 소요시간을 물을 때

■ **How long will it take by _____ ?**
(~를 타면 어느 정도 시간이 걸릴까요?)
taxi[택시] 택시
bus[버스] 버스
train[트레인] 기차

웨어 리즈 더 티킷 오피스
- **Where is the ticket office?**
 (매표소는 어디 있습니까?)

이즈 디스 포 엘에이
- **Is this for L.A.?**
 (이것은 LA행입니까?)

웨어 슈다이 트랜스퍼
- **Where should I transfer?**
 (어디서 갈아타야 합니까?)

투 샌프런시스코 플리즈
- **To San Francisco, please.**
 (샌프란시스코로 가주십시오.)

쉬어 플리즈
- **Here, please.**
 (여기입니다. / 여기서 내리십시오.)

Unit 02
렌터카나 자가용을 이용할 때

외국에선 무조건 교통법규 엄수하자!
렌트시 본인이 인스펙션(inspection) 서류 필수적으로 확인요망?

무엇보다 렌터카를 빌릴 때 차량의 안전유무를 잘 살펴야 하며, 또한 렌터카회사에 보험 여부(면책보험, 상해보험, 보상보험)를 면밀하게 물어보는 것이 중요합니다. 특히 계약할 때 특약사항에 주의를 기울인 후에 사인을 할 수 있어야만 합니다.
외국에서 운전할 때 국제운전면허증을 교부받거나 교통법규에 대한 사전 교육이 반드시 필요하므로 유의해야 합니다.

●운전자가 알아야 할 교통 관련 용어

driver's license[드라이버즈 라이선스] 운전면허증
ticket office[티킷 오피스] 매표소
parking lot[파킹 랏] 주차장
No Parking[노 파킹] 주차금지
Road Closed[로드 클로즈드] 통행금지
One-way street[원웨이 스트릿] 일방통행
car accident[카 엑시던트] 교통사고
insurance[인슈어런스] 보험
gas station[개스 스테이션] 주유소
seat belt[씻 벨트] 안전벨트
traffic regulations[트래픽 레귤레이션스] 교통법규

왓 카인돕 마들 두 유 원
● **What kind of model do you want?**
(어떤 차종을 원하십니까?)

■ **I'd like to rent a _____ .**
(~을 빌리고 싶습니다.)
car[카] 자동차
(an) automatic car[언 오터매틱 카] 자동기어가 달린 차
stick shift[스틱 쉬프트] 수동기어가 달린 차
jeep[지프] 지프
sports car[스포츠 카] 스포츠 카

♠ 가격을 물을 때

■ **How much does it cost _____ ?**
*How much is the rate?
(~(에) 얼마입니까?)
per day[퍼 데이] 하루에
for two days[포 투 데이즈] 이틀에
for a week[포러 윅] 일주일 간

Unit 03

주유소에 들렀을 때

Self service가 주된 방식이므로 직접 넣도록 하자!
휘발유는 Premium, Regular, Medium으로 구분되는 거 아나요?

서양에서는 자동차 주유소를 filling station, service station, gas[gasoline] station, petrol station 등으로 표현됩니다. 일반적으로 기름을 gasoline이라고 통칭하는데 무연휘발유는 unleaded gasoline 이라고 구분하며, 미국에서는 그냥 gas라고 하며, 영국에서는 petrol 이라고 부릅니다.

♠ 기름을 넣을 때

■ **Fill it up with _____ , please.**
(~을 가득 채워 주십시오.)
regular[레귤러] 보통
premium[프리미엄] 고급
diesel[디젤] 경유
unleaded[엔레디드] 무연
*미국에서는 기름이 regular, premium, super-premium 순으로 값이 비싸다.

♠ 부분별 점검을 부탁할 때

■ **Would you _____ , please?**
(~(을) 해주시겠습니까?)
wash the car[와시 더 카] 세차하다
check the oil[첵 디 오일] 오일량을 점검하다
fix the flat tire[픽스 더 플랫 타이어] 타이어 펑크를 수리하다
check the brakes[첵 더 브레익스] 브레이크를 점검하다

Unit 04

긴급사항이 발생했을 때

보험(insurance) 안들면 덤탱이 쓰기 쉽다?
외국에선 경미한 사고가 아니라면 경찰, 변호사의 도움이 필수다!

외국에서 교통사고가 발생하면 먼저 보험사나 경찰서에 신고(911)를 접수하는 것이 중요하며, 또한 목격자(witness)를 확보하거나 경찰관에게 도움을 청하는 것이 우선입니다. 그밖에도 차량이 고장났을 경우에는 신속하게 갓길로 이동하여 안전을 확보해야만 합니다.

♠ 운전 중에 문제점이 발생했을 때

웨어 이즈 더 니어리스트 개스 스테이션
- **Where is the nearest gas station?**
  (가장 가까운 주유소는 어디 있습니까?)

어 로드 맵 플리즈
- **A road map, please.**
  (도로 지도를 주세요.)

마이 카 브로커 다운
- **My car broke down.**
  (내 차가 고장이 났습니다.)

웨어즈 어 카 리페어 샵
- **Where's a car repair shop?**
  (정비소는 어디 있습니까?)

하우 머치 두 아이 오 유
- **How much do I owe you?**
 (수리비가 얼마입니까?)

아이브 런 아웃 옵 개스
- **I've run out of gas.**
 (연료가 다 소모되었습니다.)

아이 가러 플랫 타이어
- **I got a flat tire.**
 (펑크가 났습니다.)

아이 니더 토우 트럭
- **I need a tow truck.**
 (견인차가 필요합니다.)

아이 락트 마이셀프 아웃
- **I locked myself out.**
 (키를 안에 둔 채 문을 닫아버렸습니다.)

Chapter 5

호텔

외국에 나가보면 알겠지만 우리의 숙박시설과 다소 차이가 있으므로 호텔에 투숙할 경우에는 그들의 문화와 습관에 유념할 필요가 있습니다. 더구나 해외여행에서는 base camp인 셈이므로 각종 서비스나 시설을 적극적으로 활용하도록 합시다.

해외여행에서 숙소는 자신만의 공간이므로 그래도 가장 안락한 쉼터가 되어야 하므로 맞춤식 여행이 아니라면 직접 확인하고 예약하기 바랍니다. 왜냐하면 분위기나 경치가 여행에서 좌우하는 비중이 크니까 말입니다.

Unit 01

방을 예약할 때

아줌마, 프라이스라인 비딩(priceline bidding)이 뭔지 아남유?
잠자리가 편해야 여행이 즐겁다니깐!!!

숙박(lodging)은 여행의 목적이나 체류기간, 비용에 따라 호텔(hotel), 모텔(motel), 호스텔(hostel), 홈스테이(homestay) 등 다양하지만 외국은 예약 문화가 관례이므로 적절하게 활용하도록 합시다.
특히 오프 시즌에는 패키지(항공권 + 숙박)를 활용하지 말고 현지에서 프라이스라인 비딩(priceline bidding; 숙박요금 입찰)을 활용하면 비용을 절감할 수 있습니다.

■ **I'd like to reserve a _____ .**
 (~을 예약하고 싶습니다.)
 single room[싱글 룸] 1인용 방 *침대가 하나인 방
 double room[더블 룸] 2인용 방 *2인용 침대가 하나인 방
 twin room[트윈 룸] 트윈룸 *1인용 침대가 둘인 방
 suite room[스위트 룸] 스위트룸 *침실 외에 거실 응접실이 붙어 있는 방

■ **What is the _____ rate?**
 (~ 요금은 얼마입니까?)
 single room[싱글 룸] 1인용
 double room[더블 룸] 2인용

♠ 어떤 방에 투숙하고 싶은가를 말할 때

■ I'd like a(n) _____ room.
(~방이 좋습니다.)
bright[브라잇] 밝은
quiet[콰이엇] 조용한
inexpensive[익스펜시브] 싼

Unit 02

호텔 내의 장소를 물을 때

아줌마, 모르면 무조건 벨 캡틴(bell captain)을 활용하자!
서비스는 무조건 돈타령이니까 공짜만 이용하자?

식당(restaurant), 수영장(swimming pool), 사우나(sauna), 헬스클럽(fitness center), 비지니스 센터(business center), 선물 가게(gift shop) 등이 있는데 이 가운데 수영장, 사우나, 헬스클럽 등은 우리나라와 달리 투숙객들이 모두 무료로 이용할 수 있습니다.
그밖에도 환전이나 귀중품 보관, 세탁, 수선, 카지노, 맛사지 따위의 서비스를 받을 수 있습니다.

■ **Where's the _____ ?**
(~은 어디에 있습니까?)
rest room[레스트 룸] 화장실
fire exit[파이어 에그짓] 비상구
pharmacy[파머씨] 약국
swimming pool[스위밍 풀] 수영장

♠ 프런트에 부탁할 때

에니 메시지즈 포 미
● **Any messages for me?**
(저에게 메모 남겨진 것 있습니까?)

에니 메일 포 미
● **Any mail for me?**
(저에게 우편물 온 것 있습니까?)

두 유 해브 스탬스
- **Do you have stamps?**
  (우표 있습니까?)

메일 디스 플리즈
- **Mail this, please.**
  (이것을 우편으로 보내주십시오.)

어 메시지 포 룸 트웨니세븐 플리즈
- **A message for room 27, please.**
  (메시지를 27호실로 부탁합니다.)

우쥬 겟 미 미즈 유 온 더 폰 플리즈
- **Would you get me Ms. Yoo on the phone, please?**
  (유 양을 전화로 불러주세요.)

Unit 03

룸서비스를 부탁할 때

한국 아줌마에겐 룸서비스와 팁은 절대사절!!
쓸데없는 서비스는 돈이요, 사치다?

일반적으로 룸메이드, 포터, 택시기사, 웨이터 등의 서비스를 받게 되면 10~15% 정도의 팁(tip)을 챙겨주는 것이 상식입니다. 호텔 내부에서도 구두손질, 세탁, 청소부, 음식배달 등의 심부름이나 서비스를 받는 경우라면 팁을 챙겨주도록 해야만 합니다.

■ **Would you bring me (a) _____ ?**
(~를 가져다 주시겠습니까?)
(some) toilet paper[(섬) 토일릿 페이퍼] 화장지
bath towel[배스 타월] 목욕 타월
hand towel[핸드 타월] 타월(작은 것)
hair-dryer[헤어 드라이어] 드라이기
blanket[블랭킷] 담요

♠ 객실에 문제가 생겼을 때

■ **The _____ doesn't work.**
(~가 고장입니다.)
faucet[파싯] 수도꼭지
toilet[토일릿] 변기
air-conditioner[에어 컨디셔너] 에어컨
TV[티비] 텔레비전

♠ 키에 문제가 생겼을 때

아임 락트 아웃
- **I'm locked out.**
  (문을 잠그고 나왔습니다.)

오픈 마이 도어 플리즈
- **Open my door, please.**
  (방문을 열어주십시오.)

더 매스터 키 플리즈
- **The master key, please.**
  (제 방 마스터 키를 주십시오.)

키 포 룸 쓰리 지로 파이브 플리즈
- **Key for room 305, please.**
  (305호실 키를 주십시오.)

♠ 세탁을 부탁할 때

■ **Would you _____ these clothes?**
  (이 옷을 ~해 주시겠습니까?)
  wash and dry[워시 앤 드라이] 세탁
  dryclean[드라이클린] 드라이크리닝
  iron[아이런] 다림질

♠ 숙박 일정을 변경할 때

■ **I'd like to stay _____ .**
  (~ 숙박하고 싶습니다.)
  one more night[원 모어 나잇] 하루밤 더
  a few more days[어 퓨 모어 데이즈] 2, 3일 더

Unit 04

체크아웃을 할 때

아줌마의 건망증(forgetfulness; absent-minded)은 무죄?
따질 땐 따지더라도 쩐쩐하게는 굴지 말자!!

호텔에서 체크아웃(check-out)을 할 경우에 방 사용료, 서비스료, 전화요금, 식대, 세탁료 등의 청구서를 프런트에서 정산하게 되므로 미리 약 10분 전에 전화로 부탁해두면 편리합니다.
특히, 체크아웃할 때 귀중품이나 잃은 물건이 없는지 재확인하는 습관을 길러야만 합니다. 서두르다보면 항상 다시 호텔로 발길을 돌려야 하는 예를 종종 목격하게 됩니다.

■ **I'd like to check out _____ .**
(~ 체크아웃을 하겠습니다.)
now[나우] 지금 바로
tomorrow morning[투마로우 모닝] 내일 아침
*체크아웃(check out): 호텔에서 방을 나올 때 하는 절차나 방을 내어줄 시간을 말하는 것으로 말끝에 please를 덧붙여주면 좋다.

♠ 체크아웃 할 때

포터 포 룸 투웨니 투웨니 쓰리 플리즈
● **Porter for room 2023, please.**
(2023호로 포터를 보내주십시오.)

호울 더 배기지 포 러 와일 플리즈
● **Hold the baggage for a while, please.**
(짐을 잠시만 맡아주십시오.)

리씻트 플리즈
- **Receipt, please.**
 (영수증을 주십시오.)

택시 플리즈
- **Taxi, please.**
 (택시를 불러주십시오.)

Unit 05

미용실 서비스

아줌마, 특별히 레이어드(layered) 좀 주문해 봐요?
여자의 변신(make over)은 스타일리쉬(Stylish)로 되살아난다!!!

흔히 뷰티 샵(beauty shop)이라고도 하지만 beauty salon, beauty parlor라는 명칭도 사용합니다. 미용실에서는 헤어스타일, 헤어클리닉, 염색 등과 각종 메이크업(make-up)을 서비스합니다.

♠ 가격을 물을 때

■ **How much for a _____ ?**
(~은 얼마입니까?)
haircut[헤어컷] 커트
hairset[헤어셋] 셋팅
permanent[퍼머넌트] 퍼머
blow-dry[블로우 드라이] 드라이
hair color[헤어 컬러] 염색

■ **I'd like a _____ .**
(~을 하고 싶습니다.)
haircut[헤어컷] 커트
hairset[헤어셋] 셋팅

♠ 헤어스타일 관련 표현

두 잇 라익 디스 픽쳐 플리즈
● **Do it like this picture, please.**
(이 사진처럼 해 주세요.)

파아트 잇 취어
- **Part it here.**
 (여기를 갈라주십시오.)

아이드 라익 마이 뱅즈 다운
- **I'd like my bangs down.**
 (앞머리는 내려주세요.)

아이드 라익 이어즈 투 쇼우
- **I'd like my ears to show.**
 (귀가 보이도록 해 주세요.)

아이드 라익 마이 이어즈 커버드
- **I'd like my ears covered.**
 (귀가 가려지도록 해주세요.)

저스트 트림 잇 플리즈
- **Just trim it, please.**
 (다듬어만 주세요.)

Chapter 6

쇼핑

"금강산도 식후경! 그러나 아무리 먹는 게 우선이라 해도 해외여행에서 관광(sightseeing)과 쇼핑(shopping)은 빼놓을 수 없는 즐거움을 줍니다. 여행에서 아줌마에겐 쇼핑을 빼놓으면 할 말이 별로 없죠. 대리만족조차 할 수 없다면 쇼핑의 즐거움은 아무런 의미가 없겠죠?

Unit 01

쇼핑을 할 때

설마 리셋증후군(reset syndrome)에 걸리진 않으셨겠죠?
아줌마의 쇼핑중독은 알코올중독, 약물중독, 도박중독, 게임중독보다 강하다!!!

요즘은 인터넷 쇼핑(internet shopping)이 가능하므로 세계 유명브랜드를 언제어디서라도 감상할 수 있지만 현지에서 만끽하는 즐거움은 또다른 맛을 줍니다. 흔히, 쇼핑중독증후군이란 용어에는 인터넷 중독, 카드중독 등의 복합적인 의미를 담고 있는데 현대여성에게 나타나는 '문명병' 이라고 말할 수 있을 겁니다.

♠ 매장을 물을 때

■ **Where's the _____ department?**
(~ 매장은 어디에 있습니까?)
duty-free[듀티 프리] 면세품
cosmetics[코스메틱스] 화장품
gift[기프트] 선물

♠ 세면용품

■ **Where can I find _____ ?**
(~은 어디에 있습니까?)
soap[소웁] 비누
toothbrushes[투우스브러쉬즈] 칫솔
toothpaste[투우스페이스트] 치약
razors[레이저스] 면도기

♠ 장식품

■ **Would you show me some _____ ?**
(~를 몇 개 보여주시겠습니까?)
rings[링즈] 반지
bracelets[브레이스리츠] 팔찌
necklaces[넥크리시스] 목걸이
earrings[이어링즈] 귀걸이
watches[와치스] 손목시계

♠ 다른 크기나 모양의 물건을 말할 때

■ **Do you have any _____ ones?**
(그것과 다른 ~것은 없습니까?)
more stylish[모어 스타일리쉬] 보다 세련된
larger[라저] 더 큰
smaller[스몰러] 더 작은
more expensive[모어 익스펜시브] 더 비싼
cheaper[치퍼] 더 싼

♠ 다른 색이 있는지를 물을 때

■ **Do you have the same in _____ ?**
(같은 것으로 ~색 있습니까?)
red[레드] 빨강
blue[블루] 청색
yellow[옐로우] 노랑
white[와이트] 흰색
black[블랙] 검정

Unit 02

점원과의 기초적인 대화

아줌마, 오늘도 쇼핑 브라우저(browser)로 남으시겠습니까?
못사더라도 입어보는 '락' 좀 즐기자!

우리가 부르는 아이 쇼핑(eye shopping)은 영어로 윈도우 쇼핑(window shopping)이라고 부릅니다. 흔히 상점에 들어서면 점원이 Can I help you?나 What can I do for you?라고 물을 텐데 이럴 때 I am just looking. 혹은 I am browsing.이라고 답변을 하면 됩니다. 요즘은 쇼핑 호스트(host)라는 사냥꾼이 케이블의 홈쇼핑 전문 채널에서 아이들이나 아줌마들을 낚기 위해 혈안이 되어 공격적인 호객용어를 구사하더라도 절대로 넘어가지 맙시다.

저스트 루킹
- **Just looking.**
  (보기만 하는데요.)

익스큐즈 미
- **Excuse me.**
  (실례합니다.)

캐나이 트라이 온
- **Can I try on ~?**
  (~을 입어(써, 신어) 봐도 되겠습니까?)

웨어즈 더 피팅 룸
- **Where's the fitting room?**
  (탈의실은 어디 있습니까?)

웨어즈 어 미러
● **Where's a mirror?**
(거울은 어디 있습니까?)

아일 테이크 잇 (뎀)
● **I'll take it (them).**
(이것으로 주세요.)

♠ 양품점에서

■ **I'd like _____ .**
(~를 사려고 합니다.)
some jeans[썸 진즈] 청바지
a skirt[어 스컷] 스커트
some slacks[썸 슬랙스] 바지
a blouse[어 블라우스] 블라우스
a shirt[어 셔트] 셔츠

♠ 쇼핑을 할 때 가격 깎는 방법

아이 해븐트 디싸이디드 옛
● **I haven't decided yet.**
(아직 살지 안 살지 결정을 못했어요.)

투 익스펜시브
● **Too expensive.**
(너무 비싸군요.)

디스카운트 플리즈
● **Discount, please.**
(가격을 깎아 주세요.)

모어 디스카운트 플리즈
- **More discount, please.**
  (더 싸게 해주세요.)

덴 아일 바이 잇
- **Then, I'll buy it.**
  (그러면 이것을 사겠습니다.)

투웨니 달러즈 오케이
- **20 dollars, OK?**
  (20달러에 주세요.)

♠ 소품의류

■ **Do you have _____ ?**
  (~가 있습니까?)
  belts[벨츠] 벨트
  socks[삭스] 양말
  hats[햇츠] 모자

♠ 내의류

■ **Where can I find _____ ?**
  (~는 어디에 있습니까?)
  underwear[언더웨어] 내의
  bras[브라스] 브래지어
  girdles[거들즈] 거들
  panties[팬티즈] 팬티

♠ 구두 가게에서

■ **I'm looking for _____ .**
(~를 찾고 있습니다.)
sneakers[스니커즈] 스포츠화
boots[부츠] 부츠
sandals[샌들즈] 샌들

♠ 구두 사이즈가 안 맞을 때

■ **These are too _____ .**
(이것은 너무 ~합니다.)
tight[타잇] 낀
loose[루스] 헐렁한
narrow[내로우] 폭이 좁은
wide[와이드] 폭이 넓은

♠ 구두 사이즈를 잴 때

아이 돈 노 마이 사이즈
● **I don't know my size.**
(제 사이즈를 모르겠습니다.)

우쥬 메저 마이 핏
● **Would you measure my feet?**
(제 발 사이즈를 재어주시겠습니까?)

아일 테익 디즈
● **I'll take these.**
(이것으로 하겠습니다.)

하우 머치 아 데이
- **How much are they?**
  (이것들은 얼마입니까?)

데이 돈 룩 굿 온 미
- **They don't look good on me.**
  (이것은 저에게 어울리지 않군요.)

낫 마이 스타일
- **Not my style.**
  (이것은 내 스타일이 아닙니다.)

♠ 화장품

- **May I see some _____ ?**
  (~을 좀 보여주시겠습니까?)
  lipstick[립스틱] 립스틱
  lip liner[립 라이너] 립 라이너
  eye liner[아이 라이너] 아이 라이너
  eye shadow[아이 섀도우] 아이 섀도우

Unit 03

필름과 사진

아줌마여, 세상을 모두 가질 수 있는 특권과 자유를 누려라!!!
플리즈[Pleasee!]만 해도 어디서나 다 통한다?

해외여행에서 남는 것은 현지에서 기록한 사진과 추억뿐이므로 사진으로 추억을 영원히 간직하는 것도 여행에서 얻는 즐거움의 하나일 겁니다. 최근에는 디지털카메라(digital camera)와 카메라폰(camera phone)이 등장하여 쇼핑의 즐거움을 간직할 수 있도록 도와줍니다. 디지털카메라를 이용할 때 배터리나 메모리칩은 별도로 준비하도록 합시다.

■ **May I have some _____ ?**
(~을 주시겠습니까?)
color film[컬러 필름] 컬러필름
black and white film[블랙 앤 화이트 필름] 흑백필름
camera batteries[캐머러 배터리즈] 카메라용 전지
flash batteries[플래시 배터리즈] 플래시용 전지

♠ 필름을 현상할 때

우쥬 디벨럽 디스
● **Would you develop this?**
(이것을 현상해 주시겠어요?)

하우 롱 윌 잇 테익
● **How long will it take?**
(얼마나 걸립니까?)

캐나이 피키럽 인 언 아워
- **Can I pick it up in an hour?**
  (1시간만에 찾을 수 있습니까?)

아일 피키럽 터마로우
- **I'll pick it up tomorrow.**
  (내일 찾으러 오겠습니다.)

하우 머치 윌 잇 비
- **How much will it be?**
  (얼마입니까?)

♠ 사진 사이즈와 인화방법

■ _____ , please.
  (~로 해 주세요.)
  4 x 5 inch[포 바이 파이브 인치] 4×5인치 사이즈
  The regular size[더 레귤러 사이즈] 보통 사이즈
  Large prints[라아지 프린츠] 큰 사이즈

Chapter 7

레스토랑

아줌마들과 레스토랑은 거리가 멀다고 생각하는 것은 큰 오산입니다. 우리네 아줌마들도 약간의 에티켓만 익힌다면 세계 어느 레스토랑에서도 당당히 누릴 수 있습니다. 우리나라에서도 많이 활성화된 것처럼 외국에 나가보면 예약문화가 자리 잡은 나라가 거의 대부분입니다. 주문하는 것보다 중요한 것은 식사를 즐길 때의 에티켓인데 식당에서 발이 안 보인다고 신발 뒷굽을 살짝 벗거나, 음식을 앞에 두고 재채기를 한다거나, 트림을 하는 것은 미국문화에 있어서 상당한 실례입니다.

Unit 01

예약을 할 때

아줌마, 글로벌 매너에 익숙해지는 순간 당신도 세계인이닷!!!
예약문화는 아줌마가 반드시 갖추어야 할 품격인가?

다소 고급스런 분위기의 식당을 지칭하는 레스토랑은 예약(reservation)하는 습관을 기르는 것이 좋습니다. 물론 패스트푸드처럼 간단한 식사를 할 경우라면 굳이 예약을 하지 않아도 무방합니다. 최근에는 체인화의 물결에 힘입어 패밀리레스토랑(family restaurant)과 퓨전레스토랑(fusion restaurant)이 지배를 한다고 해도 틀린 말은 아닐 것입니다.

아이드 라익 투 메이커 레저베이션 포 투나잇 플리즈
- **I'd like to make a reservation for tonight, please.**
  (오늘밤 예약을 하고 싶습니다.)
  *I'd like to reserve a seat.(좌석을 예약하고 싶습니다.)

아이드 라익 투 리저버 테이블 포 투 앳 식스 플리즈
- **I'd like to reserve a table for 2 at six, please.**
  (6시에 2인용 테이블을 부탁합니다.)

언틸 웬 아 유 오픈
- **Until when are you open?**
  (몇 시까지 영업합니까?)

두 유 두 프라이빗 파티즈
- **Do you do private parties?**
  (개인파티를 위해 빌릴 수 있습니까?)

♠ 좌석을 정할 때

■ _____ , please.
　(～로 해 주세요.)
　Nonsmoking area[난스모우킹 에어리어] 금연구역
　Smoking area[스모우킹 에어리어] 흡연구역
　By the window[바이 더 윈도우] 창가

Unit 02

메뉴를 고를 때

아줌마, 잘 모를 땐 눈치코치로 그냥 따라해?
잘 모를 땐 그 가게의 이름이 붙은 음식이나 콤보(combo)지!

일반적으로 음식을 주문할 때 전채(appetizer), 메인(entree), 후식(dessert) 등을 주문받게 되는데 수프, 계란, 감자, 샐러드의 드레싱은 다시 종류나 스타일을 선택해야만 합니다. 또한 스테이크의 익힘 정도는 래어(rare), 미디엄(medium), 웰던(well-done) 정도만 알아둡시다.

■ _____ , please.
 (~를 보여주십시오.)
 A menu[어 메뉴] 메뉴
 The wine list[더 와인 리스트] 와인 리스트
 A menu in Korean[어 메뉴인 커리언] 한글로 된 메뉴

♠ 달걀요리의 종류

■ I'll have _____ . *흔히 eggs를 생략함
 (~를 주세요.)
 sunny-side up[서니 사이드 업] 한쪽만 익힌
 over easy[오버 이지] 양쪽 다 익힌
 soft boiled[소프트 보일드] 반숙
 medium boiled[미디엄 보일드] 적당히 익힌
 hard boiled[하드 보일드] 완전히 익힌

♠ 고기요리의 종류

■ **I'd prefer not to eat _____ .**
　(나는 ~는 먹지 않습니다.)
　beef[비프] 쇠고기
　chicken[치킨] 닭고기
　pork[포크] 돼지고기
　lamb[램] 양고기
　turkey[터키] 칠면조고기

♠ 스테이크 굽는 방법을 묻는다면

　　하우 우쥬 라익 유어 스테익
● **How would you like your steak?**
　(어떻게 구운 스테이크를 좋아하십니까?)

■ **I'd like it _____ .**
　(~ 구워주십시오.)
　rare[레어] 살짝
　medium-rare[미디엄 레어] 보통보다 덜
　medium[미디엄] 보통으로
　medium-well[미디엄 웰] 보통보다 더
　well-done[웰 던] 잘 익은

♠ 드레싱의 종류를 묻는다면

　　왓 카인드 업 드레싱 우쥬 라익
● **What kind of dressing would you like?**
　(드레싱은 어떤 종류를 좋아하십니까?)

■ _____ dressing, please.
(~드레싱으로 부탁합니다.)
French[프렌치] 프렌치
Italian[이탤리언] 이탈리안
Thousand Island[사우전드 아일런드] 사우전드 아일랜드

Here you are.

Pass me the salt?, Please

Unit 03

주문할 때

미리 메뉴를 결정한 다음에 주문하면 덜 쪽팔린다구!
촌스럽게 웨이터(waiter)라고 크게 부르지 말자?

손님이 식사를 주문할 경우엔 메뉴 중에서 골라 말하거나 원하는 것을 가리키면서 말하면 됩니다. 웨이터가 손님에게 Are you ready to order? 혹은 Would you like to order now? / May I take your order? / What'll it be? / What would you like to have? 등과 같이 주문을 요청할 겁니다.

아일 해브 디스
- **I'll have this.**
  (이것을 주십시오.)

왓 카인드 업 우쥬 라익
- **What kind of ~ would you like?**
  (~은 무엇을 원하십니까?)

왓 카인 두 유 해브
- **What kind do you have?**
  (무엇이 있습니까?) *종류

왓 이즈 디스
- **What is this?**
  (이것은 어떤 요리입니까?)

왓츠 인 잇
- **What's in it?**
  (이 속에는 무엇이 들어있습니까?)

왓츠 유어 스페셜러티
- **What's your speciality?**
  (이곳에서 제일 자신 있는 요리는 무엇입니까?)

왓 우쥬 레커멘드
- **What would you recommend?**
  (무엇을 추천해 주시겠습니까?)

메아이 오더 나우
- **May I order now?**
  (지금 주문하시겠습니까?)

아임 낫 레디 옛
- **I'm not ready yet.**
  (아직 결정하지 않았습니다.)

아일 오더 모오 레이러
- **I'll order more later.**
  (조금 후에 주문하겠습니다.)

아일 해브 더 쎄임 씽
- **I'll have the same thing.**
  (나도 같은 것으로 하겠습니다.)

윌 잇 비 머치 롱거
● **Will it be much longer?**
(오래 걸립니까?)

아이 디든 오더 디스
● **I didn't order this.**
(이것은 주문하지 않았습니다.)

첵 플리즈
● **Check, please.**
(계산을 부탁합니다.)

두유 억셉트 디스 카드
● **Do you accept this card?**
(이 크레디트 카드를 사용할 수 있습니까?)

♠ 웨이터에게 물건을 부탁할 때

■ **Would you bring me _____ ?**
(저에게 ~을 가져다주시겠습니까?)
some salt[섬 쏠트] 소금
a knife[어 나이프] 나이프
a fork[어 포오크] 포크
a spoon[어 스푼] 스푼
a napkin[어 냅킨] 냅킨

♠ 패스트푸드

■ **A _____ , please.**
(~를 주십시오.)
hamburger[햄버거] 햄버거

(some) fried chicken[프라이드 치킨] 프라이드 치킨
coke[코크] 콜라
coffee[커피피] 커피

♠ 점원의 추가 질문

애니씽 엘스
- **Anything else?**
  (다른 것은요?)

댓츠 올
- **That's all.**
  (그것뿐입니다. / 전부입니다.)

투 고
- **To go.**
  (가지고 갈 겁니다.)

포 히어
- **For here.**
  (여기서 먹을 겁니다.)

이즈 디스 씻 테이컨
- **Is this seat taken?**
  (이 자리는 비었습니까?)

Chapter 8

응급상황

미국에서 여행 중에 예상치 못한 응급상황이 발생하였을 경우에 아무런 행동도 취하지 못하고 당황스러워 하는 경우가 많습니다. 이때에는 전화를 이용하여 911을 눌러서 도움을 요청할 수 있으며, 만약 전화가 불가능한 상황일 경우에는 지나가는 사람에게 "I need help."의 표현을 사용하여 도움을 받을 수 있습니다. 많은 미국인들이 도움을 요청하면 적극적으로 도움을 주므로 주저 없이 도움을 요청합시다.

Unit 01

응급상황일 때

염치와 체면 불구하고 위기상황부터 탈출하고 보자!!!
위기상황에선 아줌마가 절로 용감하다고?

미국에서 범죄, 교통사고, 자연재해, 응급환자 등의 긴급 상황이 발생하면 911에 신고하면 됩니다. 한국에서의 119번에 해당합니다. 신고를 한 다음 곧바로 응급조치를 취하는 것이 우선입니다. 또한 여권(passport)이나 여행자 수표(traveler's check) 등을 잃어버렸을 때도 마찬가지입니다.
자신이 직접 신고를 할 수 없는 경우라면 주위에 Help me, please? / Can you help me?라고 도움을 요청하시길 바랍니다.

♠ 의사를 부를 때

- **Call a _____ , please.**
  (~를 불러주십시오.)
  doctor[닥터] 의사
  (an) ambulance[언 앰블런스] 구급차
  taxi[택시] 택시

● 증상을 말할 때

- **I feel _____ .**
  (나는 ~입니다.)
  sick[씩] 아픈
  chilly[칠리] 한기가 나는
  nauseous[너셔스] 메스꺼운
  dizzy[디지] 어지러운
  tired[타이어드] 피곤한

♠ 약을 받을 때

- **I'd like _____ .**
 (~을 주세요.)
 some cold medicine[썸 코울드 메더씬] 감기약
 a pain killer[어 페인 킬러] 진통제
 some cough medicine[썸 코프 메더씬] 기침약
 a digestive[어 다이제스티브] 소화제

♠ 진료받을 때

아우취
- **Ouch!**
 (아야!)

잇 허어츠
- **It hurts.**
 (아파요.)

아이 해브 페인 히어
- **I have pain here.**
 (여기가 아파요.)

잇츠 투 페인펄 투 무브
- **It's too painful to move.**
 (아파서 움직일 수가 없습니다.)

잇 더즌 허트
- **It doesn't hurt.**
 (아프지 않습니다.)

아이 필 베러
- **I feel better.**
  (몸 상태가 나아졌습니다.)

Unit 02

도난을 당했을 때

촌티를 풀풀 풍기면 범죄의 표적(target)이 되기 십상이다?
아줌마, 너무 화려하고 부티가 나도 탈날라!!!

해외여행시 혼잡한 틈을 타 분실, 소매치기나 각종 도난사고가 발생하게 되는데 일단 경찰에 신고하는 것이 급선무입니다. 관공서나 공공기관에 도움이나 협조를 구하는 편이 훨씬 많은 도움을 받게 됩니다.
다른 사람에게 Call the police, please?라고 도움을 요청하거나 도난사고 발생 즉시 직접 911로 신고하시길 바랍니다.

■ My _____ was stolen.
(내 ~을 도둑맞았습니다.)
money[머니] 돈
traveler's check[트래블러즈 첵] 여행자 수표
wallet[월릿] 지갑
passport[패스폿] 여권
credit card[크래딧 카드] 신용카드

■ I've lost my _____ .
(나는 ~을 잃어버렸습니다.)

♠ 사고나 도난을 당했을 때

콜 더 폴리스 플리즈
● Call the police, please.
(경찰을 불러주십시오.)

왓 슈다이 두
- **What should I do?**
(어떻게 하면 좋을까요?)

헬프 미 플리즈
- **Help me, please.**
(도와주세요.)

웨이즈 더 커리언 칸설릿
- **Where's the Korean Consulate?**
(한국 영사관은 어디 있습니까?)

우쥬 콜 더 커리언 칸설릿
- **Would you call the Korean Consulate?**
(한국 영사관에 전화 좀 해주시겠습니까?)

● **범죄 신고에 필요한 단어**

white[와이트] 백인
black[블랙] 흑인
pickpocket[픽파킷] 소매치기
fraud[프러드] 사기
mug[머그] 노상강도
victim[빅팀] 피해자
eye-witness[아이 위트니스] 목격자

Unit 03

길을 잃었을 때

인포메이션이나 관공서는 친절의 대명사!
어린이나 노인들이 훨씬 더 친절하게 가리켜준다?

누구나 외국에 나가 혼자 외톨이 신세가 될 때가 있는데 이럴 경우엔 어김없이 Excuse me?라고 양해를 구한 다음 I'm lost. Where is it? 라고 현재의 위치나 장소를 파악해 두는 것이 중요합니다.
상대방에게 Would you tell me the way to ~?라고 "~로 가는 길 좀 가르쳐주시겠어요?"라고 길묻기를 시도해 보고, 자신의 목적지나 가고자하는 곳을 말하면 친절하게 가르쳐 줄 것입니다.

익스큐즈 미
- **Excuse me?**
  (실례합니다.)

아임 로스트
- **I'm lost.**
  (길을 잃어버렸습니다.)

디스 웨이 오어 댓 웨이
- **This way or that way?**
  (이 길입니까 아니면 저 길입니까?)

아이드 라익 투 고유 투
- **I'd like to go to ~.**
  (~을 찾고 있습니다.)

아임 루킹 포
- **I'm looking for ~.**
  (~을 찾고 있습니다.)

우쥬 쇼우 미 하우
- **Would you show me how?**
  (어떻게 가는지를 가르쳐주시겠습니까?)

하우 두 아이 겟 투
- **How do I get to ~?**
  (~에는 어떻게 가면 좋을까요?)

웨어 라 위
- **Where are we?**
  (여기는 어디입니까?)

웨어 이즈 잇
- **Where is it?**
  (여기가 어디입니까?)

드로우 어 맵 플리즈
- **Draw a map, please?**
  (지도를 그려주시겠습니까?)

에니 랜드막스
- **Any landmarks?**
  (표시가 될만한 것은 없을까요?)

이즈 잇 파 프럼 히어
- **Is it far from here?**
  (여기서 멉니까?)

하우 롱 더즈 잇 테익
- **How long does it take?**
  (얼마나 시간이 걸릴까요?)

캐나이 웍 데어
- **Can I walk there?**
  (걸어서 갈 수 있는 거리입니까?)

슈다이 테익 어 택시
- **Should I take a taxi?**
  (택시를 타는 편이 좋겠습니까?)

팔로우 미
- **Follow me.**
  (나를 따라 오세요.)

고우 스트레이트
- **Go straight.**
  (곧장 가세요.)

턴 라이트(레프트) 앳 더 트래픽 라이트
- **Turn right (left) at the traffic light.**
  (신호등에서 우(좌) 회전하세요.)

잇츠 넥스트 투
- **It's next to ~.**
  (그것은 ~옆에 있습니다.)

Chapter 9

전화

여행 중에 가족이나 알고 지내는 사람에게 연락을 해야 할 경우에 수신자 부담 전화를 이용하거나 국제전화카드를 사용하는 경우가 있습니다. 수신자 부담 전화는 여행시 나누어 주는 안내 책자 또는 가이드에게 물어볼 수 있으며, 국제전화카드는 외국 현지의 편의점에서 쉽게 구입할 수 있습니다. 국제전화카드를 구입할 때에 " Can I get a phone card?"라고 물어보면 됩니다.

Unit 01

전화를 걸 때

아줌마, 컬렉트콜(collect call)이 뭔지 아남유?
리시버(receiver)의 상황을 빨랑 캐치하는 통밥이 최고다!

한국인들이 자주 결례를 범하는 상황이 전화예절입니다. 먼저 자신을 밝힌 다음 〈용무〉나 〈용건〉을 물어야 하는데 다짜고짜 들이대면 당황스럽기 마련입니다. 국제전화의 종류에는 스테이션콜(station call), 퍼스널콜(personal call), 콜렉트콜(collect call)이 있습니다.
아무리 바쁘고 긴급한 상황이더라도 침착하고 냉정해야 명확한 의사전달이 가능하므로 This is Ms. Lee.라고 자기의 신분을 밝힌 다음, I'd like to speak to Mr. Kim. Is Mr. Kim in?처럼 요청해야만 합니다.

♠ 전화 거는 방법

웨어 이즈 어 텔러폰
- **Where is a telephone?**
  (전화는 어디에 있습니까?)

하우 캐나이 메이커 포운 콜
- **How can I make a phone call?**
  (전화 거는 방법을 알려주시겠습니까?)

아이드 라익 투 콜 커리어
- **I'd like to call Korea.**
  (한국에 전화를 걸려고 합니다.)

우쥬 두 잇 포 미
- **Would you do it for me?**
  (내 대신해(전화를 걸어) 주시겠습니까?)

히어즈 더 넘버
- **Here's the number.**
  (이 번호로 부탁합니다.)

♠ 호텔 객실에서 직접 통화하는 방법

1. **외선번호를 먼저 돌린다.**
   호텔에 따라 다르지만 대부분은 0번이다.

2. **국제 전화 식별번호를 돌린다.**
   미국에서의 경우는 (011)번이다.

3. **걸고자 하는 나라의 전화번호를 돌린다.**
   한국번호는 (82)번이다.

4. **걸고자 하는 곳 전화번호를 돌린다.**
   서울 (02) 2678-0455로 전화할 경우 2, 2678, 0455를 누른다(지역번호의 0은 제외함). 예를 들면 미국호텔에서 한국에 걸려고 할 때는, 0(외선), 011, 82, 한국번호, 호텔 이외의 장소에서는 011, 82, 한국번호를 누르면 된다.

♠ 콜렉트 콜 거는 방법

1. **교환을 0번으로 부른다.**

2. **교환을 부탁한다.**

오버시즈 아퍼레이터 플리즈
- **Overseas operator, please.**
  (국제 교환을 부탁합니다.)

3. 한국에 콜렉트 콜을 부탁한다.

컬렉트 콜 투 커리어 프럼 미즈김
- **Collect call to Korea from Ms. Kim.**
  (저는 김인데 한국에 컬렉트 콜을 부탁합니다.)

4. 전화번호를 불러준다.

더 텔러폰 넘버 이즈 투 식스 세븐 에잇 오 포 더블파이브
- **The telephone number is 2678-0455.**
  (전화번호는 2678-0455입니다.)

5. 만일 상대가 영어를 못하는 경우에는 한국 교환을 부탁한다.

커리언 (서울) 아퍼레이터 플리즈
- **Korean (Seoul) operator, please.**
  (한국교환을 부탁합니다.)

*콜렉트 콜(collect call) : 수신자가 부담하는 전화서비스를 말한다.

Unit 02

교환이 자주 쓰는 표현

아줌마, 착신전화(call forwarding) 서비스 기능에 대하여 알아요?
What's name and address of you inquiry?(번호와 주소가 뭐죠?)

우리나라의 전화번호 안내 서비스는 114인데 비해 미국에서는 411이며, 이럴 때 Directory assistance.라고 하면 "전화번호 안내입니다."라는 말입니다. 특히 미국에서 장거리전화를 할 경우에 0을 누르면 교환원(operator)이 요금 지불 방법을 제시하여 줍니다.

우쥬 리핏 댓 플리즈
- **Would you repeat that, please?**
(다시 한번 말씀해 주시겠습니까?)

호울드 온 더 라인 플리즈
- **Hold on the line, please.**
(끊지 말고 기다려주십시오.)

익스큐즈 미 써 캐나이 애스큐 썸씽
- **Excuse me, sir. Can I ask you something?**
(말씀 좀 물읍시다.)

행 업 원스 플리즈
- **Hang up once, please.**
(끊고 기다리십시오.)

저스터 미닛 플리즈
- **Just a minute, please.**
(잠깐만 기다려주세요.)

더 라인 이즈 비지
● **The line is busy.**
(통화 중입니다.)

고 어헤드 플리즈
● **Go ahead, please.**
(어서 말씀하세요.)

더 넘버 이즈 아웃 업 오더
● **The number is out of order.**
(그 전화번호는 지금 고장입니다.)

● 전화하는 장소에서 필요한 단어

operator[아퍼레이터] 교환
long distance call[롱 디스턴스 콜] 장거리 전화
local call[로컬 콜] 시내 전화
overseas call[오버시즈 콜] 국제 전화
collect call[컬렉트 콜] 요금 수신인 지불 통화
telephone charges[텔러폰 차지즈] 전화요금
extension[익스텐션] 내선
person-to-person call[퍼슨 투 퍼슨 콜] 지명통화
telephone directory[텔러폰 디렉터리] 전화번호부

Unit 03
전화를 받을 때

아줌마, He's not in.(그 사람 없거든요.)!!!
댁, 전화 잘못 걸었수?(You have the wrong number.)

상대방이 원하는 사람이 자기임을 밝힐 때 Speaking.(말씀하세요. / 접니다.)이라고 하며, 전화 통화 중에 상대방을 확인하고자 할 때 Are you still there?(듣고 계세요?)이라고 하며, 잠깐 기다려달라고 요청할 때 Hold on a moment, please.(잠시만 기다려주세요.)라고 하며, 상대방의 전화상의 용무를 물어볼 때 What's on your mind?(무슨 일이죠?)라고 표현합니다.

헬로우
● **Hello!**
(여보세요!)

스피킹
● **Speaking.**
(접니다.)
*This is he speaking.

후즈 콜링 플리즈
● **Who's calling, please?**
(누구십니까?)

스픽 슬로울리 플리즈
● **Speak slowly, please.**
(조금 천천히 말씀해 주세요.)

아일 비 데어 라잇 어웨이
● I'll be there right away.
(바로 그곳으로 가겠습니다.)

♠ 항공권의 예약 확인

아이드 라익 투 체크 (리컨펌) 마이 플라잇
● I'd like to check (reconfirm) my flight.
(비행기 예약 확인을 하고 싶습니다.)

마이 네임 이즈 지나 킴
● My name Gina Kim.
(내 이름은 김지나입니다.)

오거스트 써어틴스
● August 13th.
(8월 13일 출발입니다.)

더 플라잇 넘버 이즈 제로 제로 포
● The flight number is 004.
(004편입니다.)

캔슬 마이 레저베이션 플리즈
● Cancel my reservation, please.
(예약을 취소해 주십시오.)

CHAPTER 10

우체국

우리나라도 소포를 보낼 때 무게에 따라 가격을 책정하듯이 미국 또한 무게로 가격을 정하는데 가격이 비싼 편이고 보내는 종류도 여러 가지이기 때문에 무턱대고 바리바리 넣으면 실제 내용물의 가격보다 우편요금이 더 나올 수 있습니다. 또한, 소포가 목적지에 제대로 가지 않는 큰 이유 중 하나가 바로 주소를 잘못 쓰기 때문입니다. 받는 사람의 주소는 한글로 써도 무방하지만 시, 도, 국가명은 영어로 써야 합니다. 마지막에는 대문자로 된 국가명을 써야 하며 우편번호는 국가명 위에 기입하면 됩니다.

Unit 01

우편에 관한 표현

아줌마, 해외에서 온 편지와 엽서 받아봤수?
특급은 FedEX(페덱스) Korea로 발송해 보슈!!!

요즘엔 인터넷의 발달과 휴대전화의 사용으로 인하여 우편의 의미는 축소되었으며, 다만 소포와 같은 익스프레스(속달)이 항공우편의 개념으로 확대되어 세계 어느 곳이든 3일이면 배달이 가능하게 되었습니다.

웨어 이즈 더 포스트 오피스
- **Where is the post office?**
  (우체국은 어디 있습니까?)

아 데어 오픈 나우
- **Are they open now?**
  (지금 문 열었습니까?)

이즈 데어 어 메일박스 어라운(드) 히어
- **Is there a mailbox around here?**
  (이 근처에 우체통이 있습니까?)

웨어즈 더 메일박스
- **Where's the mailbox?**
  (우체통은 어디 있습니까?)

아이드 라익 투 센드 디스 패키지
- **I'd like to send this package.**
  (이 소포를 보내려고 합니다.)

하우 롱 더즈 잇 테익 투 코리아

● **How long does it take to Korea?**
(한국에 도착하는 데 며칠이나 걸립니까?)

♠ 우송에 필요한 것을 살 때

■ **Where can I get _____ ?**
(~를 어디에서 살 수 있습니까?)
postcards[포스트카즈] 보통 우편 엽서
envelopes[엔벌롭스] 봉투
writing paper[라이팅 페이퍼] 편지지
stamps[스탬스] 우표

Unit 02

우편물을 보낼 때

아줌마, 욕심은 금물이야요?
Fragile(취급주의) 물품은 구분해서 포장하시길!!!

외국에서 우체국(post office)을 이용할 경우엔 우편의 종류나 물품의 무게에 따라 우편요금이 달라지므로 유의해야만 합니다.

♠ 어떻게 보낼 것인지를 말할 때

■ **By _____ , please.**
(~으로 보내주세요.)
air mail[에어 메일] 항공편
boat[보트] 선편
first class[퍼스트 클래스] 보통
express mail[익스프레스 메일] 속달
registered mail[레지스터드 메일] 등기 우편

■ **How much will it be by _____ ?**
(~으로 보내면 요금은 얼마입니까?)

♠ 소포를 보낼 때

파쓸 포스트 플리즈
● **Parcel post, please.**
(소포로 보내고 싶습니다.)

어 데클러레이션 포옴 플리즈
● **A declaration form, please.**
(세관 신고서를 주십시오.)

우쥬 웨이 디스
- **Would you weigh this?**
  (이것을 중량을 좀 달아주시겠어요?)

돈(트) 벤드 잇
- **Don't bend it.**
  (접지 마세요.)

잇츠 밸류 이즈 달러즈
- **Its value is ~ dollars.**
  (내용물의 가격은 ~달러입니다.)

바이 보우트 투 커리어 플리즈
- **By boat to Korea, please.**
  (한국까지 선편으로 부탁합니다.)

두유 해브 컴메모러티브 스탬스
- **Do you have commemorative stamps?**
  (기념우표가 있습니까?)

에니 뷰터펄 스탬스
- **Any beautiful stamps?**
  (예쁜 우표는 없습니까?)

파이브 투웬니나인 센트 스탬스 플리즈
- **Five 29 cent stamps, please.**
  (29센트짜리 우표를 5장 주세요.)

특별부록

1. 인터넷상의 축약어와 그림문자

2. 한글의 로마자 표기법 시행 규칙

3. 아줌마 시사 및 경제 용어 따라잡기

부록 1. 인터넷상의 축약어와 그림문자

정보화 시대의 가속화로 인하여 컴퓨터의 보급이 확산됨에 따라 인터넷(Internet)이란 정보 통신망은 세상을 하나로 연결해주는 구실을 하는 매개체로써 그야말로 일상생활에까지 깊숙하게 침투하여 없으면 불편한 존재로 부각되었다.
특히 인터넷은 세계 공용어인 영어(English)로 모든 정보를 주고받기 때문에 채팅(chatting)을 하거나 이-메일(E-mail)을 주고받을 때 필요한 만큼 인터넷과 관련된 약어와 그림문자는 익혀 두도록 하자.

1) 인터넷에 유용한 축약어(acronym)

인터넷 사용자(User)가 웹상에서 관용적으로 사용되는 표현에 근거하여 간략화한 표현으로써 상호간 약정된 표현이나 기호를 활용하는 의사소통의 도구나 수단에 불과하다. 이는 시간상의 제약을 극복하기 위한 방편으로 시작되었으며, 우리나라에서도 인터넷 사용자끼리 특수한 형태의 용어로 대화하는 것처럼 편리성이나 단순함의 추구로 이해하면 그 장점을 충분히 만끽할 수 있을 것이다.

- **afaik** : as far as I know(내가 알고 있는 바로는)
- **aka** : as known as(소위 말하는, 널리 알려진)
- **asap** : as soon as possible(가능한 빨리)
- **b4** : before(전에)
- **bbl** : be back later(나중에 보자)
- **bcc** : blind carbon copy(수신자를 밝히지 않는 복사)
- **bfn** : bye, for now(그럼, 안녕)
- **btw** : by the way(그런데)
- **cola** : cost of living adjustment(생활비)
- **cul** : see you later(안녕) *cc, cul8r
- **e.g.** : example(예를 들면)
- **f2f** : face to face(만납시다)
- **fya** : for your amusement(웃자고 하는 얘기야)
- **fyi** : for your information(참고하세요.)
- **gd&r** : grinning, ducking and running(내 얘기 시시하지)

- **gmta** : great minds think alike(똑똑한 사람은 모두 나와 같이 생각할 껄)
- **hhok** : ha ha only kidding(농담이야)
- **HP** : homepage(홈페이지)
- **imco** : in my considered opinion(내가 숙고한 바로는)
- **imho** : in my humble opinion(제 소견으로는)
- **iou** : I owe you(차용증서)
- **iow** : in other words(달리 표현하면)
- **lol** : laughing out loud(박장대소하다)
- **mompl** : moment please(잠시 기다리시오)
- **oic** : Oh, I see(알겠어요 / 그렇군요)
- **otoh** : on the other hand(다른 한편으로)
- **rotfl** : rolling on the floor laughing(포복절도)
- **rsn** : real soon now(머지않아)
- **so** : significant other(애인 / 소중한 사람)
- **tia** : thanks in advance(먼저 고마움을 전할께)
- **tnx** : thanks(고마워)
- **vip** : very important person(중요 인물)
- **wb** : welcome back(반가워)
- **wtg** : way to go(잘 했어)

2) 인터넷에 유용한 그림문자

컴퓨터상에서 사용되는 기호나 약물을 조합하여 상징적인 의미를 나타내는 것이 그림문자인데 이는 사람의 감정(희노애락)과 관련된 표현이 대부분이다. 흔히 그림문자를 Smiley라고 명명하며, 1970년대 이후 미국에서 탄생하여 널리 사용되고 있다.

- :-) happy(즐거움 / 행복함)
- :-| grinning(기쁨)
- :-< upset(화냄 / 성냄)
- :-?? angry(화남) *>:-(
- :-(sad(슬픔)
- :'-(crying(울고 있음) *:'-)(즐거워서 우는)
- :-(0) yelling(비명)
- :-0 surprised(놀라움)
- :-D big smile(푸하하) *박장대소
- :-l ambivalent(애매모호함 / 불확실함)
- :-/ skeptical(의심스러움)
- :-\ undecided(결정하지 못함)
- :-* kiss(키스 / 뽀뽀)

- ♠ :-X mute(비밀 / 침묵)
- ♠ :-# lips sealed(입을 닫음)
- ♠ :-@ screaming(비명을 지름)
- ♠ :-i smoking(흡연중)
- ♠ :-I indifferent(무관심함)
- ♠ :-p disgusted(역겨움)
- ♠ :-6 exhausted(기진맥진함)
- ♠ :-9 delicious(맛있음)
- ♠ :-& tongue tied(잠자코 있음)
- ♠ :*) drunk(술취함)
- ♠ :~/ mixed up(혼동됨)
- ♠ :O shocked(충격받음)
- ♠ ;-) wink(윙크) *(^_-)☆
- ♠]:-) devil(악마)
- ♠ O:-) angel(천사)
- ♠ (^o^) smile(방긋)
- ♠ (^_^)V peace(평화)
- ♠ (*^_^*) envy(부끄러움)
- ♠ (^o^)/ hurrah(만세)
- ♠ (;_;) sob(훌쩍훌쩍)
- ♠ (T_T) crying(으앙)
- ♠ ()_() ouch(아야)
- ♠ (^o^)/ hi(안녕)
- ♠ m(_ _)m sorry(미안)
- ♠ l-l asleep(졸림)
- ♠ /-O bored(지루함)
- ♠ (^_^)/~~ surrender(항복)
- ♠ (^3^) kiss(입맞춤)
- ♠ p(^o^)q cheers(화이팅)

부록 2. 한글의 로마자 표기법 시행 규칙

우리나라에서 생활하더라도 은행에서 카드를 개설할 때, 외국으로 우편물을 부칠 때, 학교에 입학할 때, 혹은 여권이나 비자를 신청할 때, 각종 서류나 서식을 작성할 때 로마자 표기법을 모르면 곤란을 겪게 된다. 로마자 표기법에도 규칙이 있으므로 인명이나 지명, 그 밖의 고유명사를 표기할 경우에 유의하도록 하자.
한국을 방문하는 외국인에게 서비스차원에서 각종 표지판이나 교통수단에 로마자를 병기하는 경우가 많다. 특히 이러한 로마자 표기법은 외국인이 우리말을 배움에 있어서도 많은 도움이 되므로 익혀두어 활용해 보도록 하자.

1) 표기의 원칙
　제1항 : 국어의 로마자 표기는 국어의 표준 발음에 따라 적는다.
　제2항 : 로마자 이외의 표기는 사용하지 않는다.
　제3항 : 1음운 1기호의 표기를 원칙으로 한다.

2) 표기 일람
(1) 단모음

ㅏ	ㅓ	ㅗ	ㅜ	ㅡ	ㅣ	ㅐ	ㅔ	ㅚ	ㅟ
a	eo	o	u	eu	i	ae	e	oe	wi

(2) 이중모음 *장음의 표기는 따로 하지 않는다.

ㅑ	ㅕ	ㅛ	ㅠ	ㅒ	ㅖ	ㅘ	ㅙ	ㅝ	ㅞ	ㅢ
ya	yeo	yo	yu	yae	ye	wa	wae	wo	we	ui

(3) 파열음

ㄱ	ㄲ	ㅋ	ㄷ	ㄸ	ㅌ	ㅂ	ㅃ	ㅍ
g, k	kk	k	d, t	tt	t	b, p	pp	p

(4) 파찰음

ㅈ	ㅉ	ㅊ
j	jj	ch

(5) 마찰음

ㅅ	ㅆ	ㅎ
s	ss	h

(6) 비음

ㄴ	ㅁ	ㅇ
n	m	ng

(7) 유음

ㄹ
r, l

* 'ㄱ, ㄷ, ㅂ'은 모음 앞에서는 'g, d, b'로 적고, 자음 앞이나 어말에서는 'k, t, p'로 적는다.
  예) 구미 Gumi   한밭 Hanbat   태백 Taebaek

* 'ㄹ'은 모음 앞에서는 'r'로, 자음 앞이나 어말에서는 'l'로, 'ㄹㄹ'은 'll'로 적는다.
  예) 설악 Seorak   울릉 Ulleung   칠곡 Chilgok

3) 표기상의 유의할 점

♠ 인명은 성과 이름의 순서로 띄어 쓴다.
♠ 한자어 이름일 경우에는 보기 (가)를 원칙으로 하고, 보기 (나)와 (다)도 허용한다.

| (가) | (나) | (다) |
|윤숙영 Yun Suk-yeong   Yun Sukyeong   Yun Suk Yeong

♠ 인명, 회사명, 단체명 등은 그 동안 써 온 표기를 허용한다.
♠ 우리말과 영어의 혼용을 허용한다.
♠ 일반적으로 고유명사는 한글음 그대로 로마자로 표기하되 이탤릭체로 표기하여 구분시켜 준다.

(1) 인명의 표기
- ♠ Kang Su-jung(강수정)
- ♠ Kim Su-mi(김수미)
- ♠ Park Chan-ho(박찬호)
- ♠ Lee Sun-shin(이순신)
- ♠ Hwang Jin-yi(황진이)

(2) 지명의 표기
- ♠ Busan(부산) / Inchon(인천) / Daegu(대구) / Guangju(광주) / Daechun(대전)
- ♠ Chongno(종로) / Uljiro(을지로) / Yongsan(용산) / Insadong(인사동)
- ♠ Cheju-do(제주도) / Soraksan(설악산) / Kyongju(경주)
- ♠ Namsan(남산) / Namdaemun(남대문) / Kyongbokgung(경복궁)

(3) 그밖의 고유명사
- ♠ Taekwondo(태권도) / Hangul(한글) / Hanbok(한복) / Bulgogi(불고기)
- ♠ Shilla(신라) / Korea(고려) / Choson(조선) / Korea(한국)

부록 3. 아줌마 시사 및 경제 용어 따라잡기

흔히 아줌마들은 남편이나 아이들로부터 상식이나 교양이 부족하다는 말을 자주 듣곤 하는데 이는 사회활동을 적극적으로 하지 않음으로 인해서 만들어진 상대적인 박탈 관념에 불과하다. 적어도 사회에서나 가정에서 교양인으로 행세하거나 군림하려면 사회, 경제, 교육 등과 같은 분야에서 활용되고 있는 영어와 관련된 시사 및 경제 관련 용어 정도는 알아두어야 할 것이다.

♠ ESL(English as a Second Language) :
주로 외국 현지에 나갔을 때 학교에서나 일상생활에서도 영어가 제2외국어이지만 영어적인 환경이 저절로 조성되기 때문에 영어공부가 자연스럽게 된다. 이에 비해 EFL(English as a Foreign Language)의 환경은 평소에는 모국어를 사용하다가 영어수업 시간에만 영어를 사용하기 때문에 영어에 노출되는 시간이 현저히 줄어든다.

♠ N언어(N-language) :
네티즌이 온라인에서 사용하는 모든 언어를 말한다. 메일을 보내거나 채팅을 할 때, 메신저로 대화를 나눌 때, 온라인 게시물에 댓글을 달 때 사용하는 언어를 모두 N언어로 볼 수 있다. 온라인 커뮤니케이션이 PC통신을 중심으로 이루어지던 1990년대 초·중반에는 '안냐세여', '방가방가' 와 같이 소리나는 그대로 표현하거나 감정을 전달하는 이모티콘 등이 N언어의 전형이었다. 1990년대 후반 들어 인터넷을 통한 커뮤니티 활동이 활발해지면서 N언어는 독특한 형태로 나타나기 시작했다. 10대가 주로 사용하는 '외계어' 도 N언어에 포함된다.

♠ 가십(Gossip) :
처음에는 유럽이나 미국에서 사회 유명인사에 관한 뜬소문을 뜻하였으나 매스컴의 발달에 의해 연예계, 문단, 정계 따위에 걸쳐 그 폭이 확대되었다. 원뜻은 "세례 입회인" 또는 "친한 친구"라는 뜻도 지니고 있는데 흥미 본위의 뜬소문을 지칭할 경우에는 그야말로 부정적인 측면으로 작용하여 문제의 본질을 왜곡하는 경향이 강하다.

♠ 그레이드 업(Grade Up) :
흔히 사용하는 업그레이드(up-grade)라는 용어는 콩글리시인데 하드웨어나 소프트웨어의 성능을 기존 제품보다 뛰어난 새 것으로 바꾸는 작업을 통칭하는 말로써 일상생활에서도 제품이나 상품을 향상시켜 줄 때 널리 활용된다. 여기서 유의할 점은 데이터 파일에 데이터를 더하거나 변경시키는 것, 없애서 데이터 파일을 새롭게 하는 것, 컴퓨터의 정보를 최신으로 향상시키는 것 따위를 의미하는 업데이트(update)와 구분하여 사용해야만 한다.

♠ 깁미(Gimme) :
골프에서 활용하는 용어로써 "비공식 경기에서 상대방에게 치지 않아도 되는 극히 짧은 최종 퍼트"를 이르는 말인데 "아주 쉬운 것, 누워서 떡 먹기" 등의 뜻을 내포하고 있다. 영어에서는 give me를 축약한 표현으로 "무엇인가를 나에게 건네 달라"는 뜻으로 활용되기도 한다.

♠ 노블레스 오블리주(Noblesse Oblige) :
프랑스어로 "귀족의 의무"를 의미하는데 부와 권력, 명성은 사회에 대한 책임과 함께 해야 한다는 의미로 쓰인다. 즉, 노블레스 오블리주는 보통 사회지도층이 사회에 대한 책임이나 국민의 의무를 실천해야 한다는 뜻의 단어이다. 하지만 이 말은 사회지도층들이 국민의 의무를 실천하지 않는 문제를 비판하는 부정적인 의미로 쓰이기도 한다.

♠ 님비신드롬(NIMBY) :
님비현상(Not in my backyard)은 현대사회에서 늘어나는 범죄자, 마약중독자, 에이즈환자, 산업폐기물, 쓰레기 등의 수용처리시설의 필요성은 인정하지만 자기 주거지역에의 설치에는 강력하게 반대하는 자기중심적 공공성 결핍증상을 말한다. 이와 정반대로 핵시설이나 혐오시설을 적극적으로 유치하여 지역의 수익사업을 확보하려는 것을 핌피현상(PIMFY; Please in my frontyard)이라고 한다.

♠ 다운시프트(Downshift)족 :
다운시프트는 자동차를 저속기어로 변환한다는 뜻이다. 다시 말해서 고속으로 주행하던 자동차를 저속기어로 바꾸듯이 생활의 패턴을 여유롭게 바꾸어 여가를 즐기고 삶의 질을 향상 시켜 만족을 추구하자는 일종의 '느림보족'으로 이들은 경쟁과 속도에서 벗어나 여유 있는 자기만족적 삶을 추구하고 있는 사람들이다. 또한 사회적 성공보다 단란한 가정을 중시하는 '네스팅(Nesting)족'도 변화된 신세대의 직장관을 보여준다.

♠ 돈비(Don't Be)족 :
"미래를 잊고 현재를 즐기자"라는 관념을 지닌 신인류로써 Don't worry, Be happy!의 약자를 활용한 용어이다. 안정된 미래를 꿈꾸기보다는 현재의 삶을 중요시하며 즐기는 사람들을 가리키는데 그렇다고 무책임하거나 소비지향적인 계층만을 의미하지는 않는다.

♠ 디플레이션(Deflation) :
인플레이션(inflation)은 통화량이 팽창하여 화폐 가치가 떨어짐으로써 물가가 계속적으로 올라 일반 대중의 실질적 소득이 감소하는 현상을 의미하는데 이와 반대로 디플레이션은 통화량이 축소됨에 따라 물가가 하락하고 경제활동 자체가 둔화되어 경기침체를 불러오는 현상을 가리키는 용어이다. 다시 말하면 인플레이션은 수요가 초과됨으로써 물가가 상승하는 상태임에 비해 디플레이션은 공급과잉으로 인하여 물가가 하락하는 경우를 말한다. 경제 활동이 침체되고 있음에도 인플레가 지속되는 경우를 스태그플레이션(stagflation)이라고 한다.

♠ 레임 덕(Lame Duck) :
대통령제 하에서 집권당이 중간선거에서 패배함으로써 새로운 대통령이 취임할 때까지 일시적인 권력 공백이나 누수현상을 지칭하는 말로써 기우뚱거리며 걷는 오리에 비유해서 이르는 용어이다. 특히 우리나라는 5년 단임제이기 때문에 그 현상이 임기 말에 나타나게 된다.

♠ 르네상스(Renaissance) :
중세사회에서 근대사회로의 전환에 결정적인 역할을 한 그리스·로마문화 부흥운동을 말하는데 그 어원은 "재생, 부흥, 부활"의 의미를 담고 있으며, 이 용어는 프랑스 역사가인 미셀레가 처음으로 사용하였다. 이 때 봉건 장원제가 해체되면서 자본주의의 탄생으로 이어졌으며, 드디어 시민계급이 출현하였으며, 신 중심의 세계관에서 인간 중심의 세계관으로 바뀌게 되었다.

♠ 맘(Mom) :
momma[맘마]의 단축형인 동시에 엄마(mother)의 구어용 호칭으로도 쓰인다. 아이가 자라면서 mamma[맘마]에서, mommy[마미]로, 다시 mom[맘]의 순으로 줄여서 사용한다. 1996년 빌 클린턴 재선의 일등공신인 백인 여성층은 자녀들을 축구 교실에 데려다 주는, 자녀교육에 적극적인 중산층이라고 해서 '사커 맘(Soccer mom)'이라고 불렀다. 이들은 2004년 대선에서는 9·11 테러의 여파로 안보를 강조한 조지 W. 부시 대통령의 재선을 도왔다는 뜻에서 '시큐러티 맘(Security mom, 안보 맘)'으로 변모했다.
이제 나이 50을 훌쩍 넘겨 중장년층이 된 백인 여성층의 최대 관심사는 어떻게 하면 경제적으로 가정을 잘 지킬 수 있는가이다. 절약하느라 대형 할인매장에 다닌다고 해서 '월마트 맘(Walmart mom)'이라고 불리지만 '맥스트-아웃(Maxed-Out) 맘'은 이들의 경제상황이 더 비관적이라는 현실을 반영한 용어이다. 최근 공화당 부통령 후보 세라 페일린이 유행을 일으킨 '하키 맘(Hockey mom)'은 알래스카처럼 추운 날씨의 미국 북부지역에서는 아이스하키가 축구보다 더 인기가 많다는 뜻에서 나온 것으로 사커 맘과 유사하게 쓰인다.

♠ 맘마미아(Mamma Mia) :
피자를 만드는 카드게임의 일종이었으나 이탈리아어로 "에구머니나!" "어머나!" "어쩜 좋아!" "엄마야!" "세상에 이럴 수가!" 등의 뜻을 지닌 감탄사인데 요즘 뮤지컬로 널리 알려져 있다.

♠ 메트로섹슈얼(Metro Sexual) :
패션에 민감하고 외모에 관심이 많은 남성을 이르는 말이다. 외모 가꾸는 것을 자연스럽게 생각해 피부와 헤어스타일에 시간과 돈을 투자하며, 쇼핑을 즐긴다. 또 음식, 문화 등에 관심을 보인다. 20~30대 초반의 도시 남성들에게 이러한 경향이 많이 나타나는데 대표적인 꽃미남인 영국 축구선수 데이비드 베컴, 화장품 광고모델이 된 축구선수 안정환, 탤런트 권상우 등이 대표 모델 격이다. 영국의 작가이자 문화비평가인 마크 심슨(Mark Simpson)이 1994년에 일간지《인디펜던트(Independent)》에 기고한 글에서 처음 사용하였다.

♠ 미란다 원칙(Miranda Rule) :
체포, 구금, 수사과정에서 피의자의 인권을 보호하고 적법한 절차를 강조하기 위하여 경찰관이 피의자를 연행, 또는 체포, 구금할 때 그 사유와 변호인의 조력을 받을 권리 및 묵비권을 행사할 수 있음을 고지해야 하는 것을 말한다.

♠ 미즈(Miz) :
Ms.의 발음을 활용하여 독립적으로 사용하곤 하는데 콩글리시 조어이다. 미즈(Ms.)는 Miss와 Mrs.의 혼성 표현인데 결혼 여부에 관계없이 여성의 이름이나 성 앞에 붙여 부르는 경칭으로 활용된다. 미스(miss)는 미혼 여자의 성이나 성명 앞에 붙이는 경칭이었으나, 현재는 결혼 여부를 구별할 수 없거나 독신인 여성에게도 사용되고 있다. 또한 미시즈(Mrs.)는 결혼한 여성을 지칭할 때 남편의 성 앞에 붙여 사용한다.

♠ 방카슈랑스(Bancassurance) :
은행이나 보험사가 다른 금융부문의 판매채널을 이용하여 자사상품을 판매하는 일종의 마케팅 전략의 하나이다. 프랑스어로 은행(Banque)과 보험(assurance)의 합성어로, 1986년 프랑스의 크레디아그리콜 은행이 생명보험사인 프레디카를 자회사로 설립하여 전국 46개 은행창구에서 보험 상품을 판매하면서 시작되었다. 기존 은행과 보험회사가 서로 연결하여 일반 개인에게 광역의 금융 서비스를 제공하는 시스템 또는 보험회사가 은행 지점을 보험 상품의 판매 대리점으로 이용하여 은행원이 직접 보험 상품을 파는 영업형태를 말한다.

♠ 보보스(Bobos)족 :
부르조아(bourgeoisie)와 보헤미안(bohemian)의 합성어로 정신적으로는 히피의 자유를 지향하면서 현실에서는 실리를 추구하는 디지털시대의 엘리트를 칭하는 말이다. 그밖에 슬로비(Slobbie)족은 속도를 늦추고 보다 천천히, 느긋하게 살기를 원하며 물질과 출세보다는 마음의 행복과 가족을 중시하는 사람들을, 로하스(Lohas)족은 건강과 지속인 성장, 친환경을 추구하는 사람들을 일컫는 말이며, 예티(Yettie)족은 젊고 기업가적 소양을 갖추고 기술에 바탕을 둔 인터넷 엘리트를 지칭하는 말이다.

♠ 브릭스(BRICs) :
브릭(bric)은 브라질(brazil)·러시아(russia)·인도(india)·중국(china)을 나타내는 경제용어로써 비교적 영토가 넓고 자원과 노동력이 풍부하여 경제대국으로 성장할 수 있는 요인을 갖추고 있는 신흥국가를 통칭하는 말로 2003년 미국의 신용평가회사 골드먼삭스 보고서에서 짐 오닐(Jim O' Neil)에 의해서 처음 사용되었다. 최근 아시아 경제를 주도할 나라로 중국과 인도가 거론되고 있는데 이의 합성어인 친디아(Chindia)도 알아두자.

♠ 블로그(Blog) :
일종의 게시판의 한 형태로써 웹(web)과 항해 일지를 뜻하는 로그(log)의 합성어로 웹 사이트 주인인 블로거(blogger)가 발행인이자 편집국장이며 기자이기도 한 인터넷상의 일인 언론사를 의미한다. 블로그는 기존의 개인 카페나 홈페이지보다 만들기 쉽고 관리하기 편하다.

♠ **블루오션(Blue Ocean)**:
블루오션이란 새로운 시장 공간으로 현재 존재하지 않은 모든 산업을 일컫는 말로 아직 우리가 모르고 있는 모든 시장 공간을 일컫는다. 블루오션전략이란 프랑스 인시아드 경영대학원의 김위찬, 르네 마보안 교수가 지난 90년대 주창한 경영전략론으로 기존 시장(red ocean)에서 경쟁해 이기기보다는 경쟁이 없는 새 시장(blue ocean)을 창출하라는 주장을 담고 있다.

♠ **세계 3대 교향곡(Symphony)**:
고전파 음악의 대표적 장르로써 관현악을 위해 작곡된 대규모의 기악곡으로 4악장으로 구성된다. 흔히 하이든을 "교향곡의 아버지"라 불리며, 세계 3대 교향곡을 뽑으면 베토벤의 〈운명〉, 슈베르트의 〈미완성 교향곡〉, 차이코프스키의 〈비창〉을 꼽는다.

♠ **세계 3대 영화제(Film Festival)**:
이탈리아의 〈베니스 영화제(Venice Film Festival)〉, 독일의 〈베를린 국제영화제(Berlin International Film Festival)〉, 프랑스의 〈칸 영화제(Cannes Film Festival)〉를 세계 3대 영화제로 꼽는데 4대 영화제를 거론할 때는 〈모스크바 영화제(Moskva Film Festival)〉를 꼽는다.

♠ **셰익스피어의 4대 비극(William Shakespeare)**:
셰익스피어는 영국의 시인이자, 극작가로서 우리에게 〈로미오와 줄리엣〉으로 너무도 잘 알려져 있으며, 셰익스피어는 희극, 사극, 비극에 능통하였는데 특히 그의 비극은 타의 추종을 불허할 만큼 뛰어나다. 그의 대표적 4대 비극은 〈햄릿(Hamlet)〉, 〈오셀로(Othello)〉, 〈리어왕(King Lear)〉, 〈맥베스(Macbeth)〉가 꼽힌다.

♠ **스노브(Snob)족**:
다른 사람과 구별되려고 값비싼 의상을 입는 자기 과시적인 부류의 사람을 지칭하는데 스노브(snob)가 그 어원으로 고상한 척하는 속물근성, 또는 출신이나 학식을 공개적으로 자랑하는 것을 뜻한다. 작가 새커리가 19세기 영국에서 신사인 체하고 허세를 부리는 사람들을 빗대어 표현한 데서 유래되었다.

♠ **스파이 웨어(SPY Ware)**:
인터넷에 올라있는 프로그램을 통해 사용자의 웹사이트 목록, 이름, E-mail 등 신상정보가 자동으로 프로그램 제작업체에 통보되는 프로그램을 말한다. 해킹이나 바이러스와 달리 스파이 웨어는 원래 프로그램을 삭제해도 백업 파일 형태로 계속 남아 있어 사용자도 모르는 사이에 정보가 유출된다고 한다. 이로 인하여 개인정보의 유출은 물론 컴퓨터 기능의 손상은 물론 기능이 저하되기도 한다. 아무런 금전적인 조건 없이 배포되는 소프트웨어로써 바이러스 백신 프로그램인 V3와 같은 것을 프리웨어(Freeware)라고 한다.

♠ **슬로푸드(Slow Food)**:
대량생산·규격화·산업화·기계화를 통한 맛의 표준화와 전지구적 미각의 동질화를 극복하고, 나라별·지역별 특성에 맞는 전통적이고 다양한 음식·식생활 문화를 계승 발전시킬 목적으로

1986년부터 이탈리아의 작은 마을에서 시작된 식생활운동을 말한다. 특히 미국의 세계적인 햄버거 체인인 맥도널드의 '패스트푸드' 에 반대해 일어난 운동으로, 맥도널드가 이탈리아 로마에 진출해 전통음식을 위협하자 미각의 즐거움, 전통음식 보존 등의 기치를 내걸고 식생활운동을 전개하기 시작, 몇 년 만에 국제적인 음식 및 와인 운동으로 발전하였다. 2001년 현재 세계 45개국에서 7만여 명의 유료 회원이 참가하고 있으며, 심벌은 느림을 상징하는 달팽이다. 본부는 이탈리아에 있다.

♠ **시츄에이션(Situation) :**
소설, 연극, 영화 등에서 줄거리를 전개시키기 위하여 설정된 상황을 일컫는 용어인데 일반적으로는 위치, 국면, 처치, 상황 따위를 이르는 말로써 통속적으로 활용된다.

♠ **신데렐라 콤플렉스(Cinderella Complex) :**
타인에게 의존하여 보살핌을 받고자 하는 여성들의 심리적 의존상태를 말하는데 '신데렐라 콤플렉스' 라는 용어는 콜레트 다울링의 저서 〈신데렐라 콤플렉스〉에서 처음 사용되었다. 참고로 엘렉트라 콤플렉스(Electra Complex)는 여자아이가 아버지에게 애정을 품으면서 어머니를 경쟁자로 인식하고 질투하거나 적대시하는 경향을 말하며, 오이디푸스 콤플렉스 (Oedipus Complex)는 남자아이가 엄마에게 애정을 품으면서 아버지를 경쟁자로 인식하고 질투하거나 적대시하는 경향을 나타내는 심리학적 용어이다.

♠ **아방가르드(Avant-garde) :**
일명 전위예술이라 불리는 것으로써 기존의 방식이나 제재를 탈피하여 새로운 것들을 추구하는 초현실주의 예술 운동을 의미하는데 20세기 초에 프로이드의 정신분석학에 영향을 받았으며, 그 뿌리는 다다이즘(dadaism, 문학이나 미술상의 허무주의)에 뿌리를 두고 있다.

♠ **애드 립(Ad Lib) :**
공중파 방송에서 연예인들이 출연 프로그램에서 즉흥적인 행동과 말로 시청자들에게 즐거움을 주는 경우를 볼 수 있는데 이를 방송용어로 애드립이라고 한다. 코미디 프로그램과 토크쇼 프로그램에서 돌발적인 상황에서 임기응변의 재치가 발휘됨으로써 시청자들에게 재미와 흥미를 일으키게 되는 것이다.

♠ **엉클 샘(Uncle Sam) :**
풍자만화에 등장하는 미국을 상징하는 인물(보통 흰 머리에 턱수염을 하고 미국의 국기를 연상시키는 복장을 한 나이든 남자)인데 미국 연방정부를 지칭하는 용어로 사용된다. 이라크 전쟁의 수렁에다 월가의 경제 위기로 미국 연방정부의 영향력이 약화되고 있음을 우회적으로 비난할 때 거론되는 용어이다.

♠ **엔지오(NGO) :**
NGO(Non Government Organization)는 비정부기구로써 환경, 공해, 인권, 동물보호 등과 관련된 순수 민간단체를 의미하는데 세계자연보호기금, 그린피스, 국제사면위원회 등 그 활동 영역이 광범위하다. 우리나라에서는 YMCA나 흥사단이 NGO의 성격을 띤 최초의 단체였다.

♠ 엘리뇨(El Nino) :
엘리뇨 현상은 중남미 에콰도르에서 남미 페루에 이르는 해류의 수온이 북쪽에서 유입된 난류로 인하여 갑자기 높아지는 현상으로써 중위도 지방에 나타나는 여름 저온, 겨울 고온 현상이 발생하며, 중남미를 비롯하여 곳곳에서 홍수, 가뭄, 태풍, 적조 등의 기상이변 현상이 현저하게 급증하고 있다. 이와 반대로 라니냐(La Nina)는 적도 무역풍이 평소보다 강해지면서 차가운 바닷물이 솟아오름으로써 해수면의 온도가 변하여 저온현상을 불러와 가뭄, 한파, 폭설과 같은 기상재해를 일으키고 있다. 이러한 현상은 지구온난화로 인하여 빚어진다고 알려져 있다.

♠ 옴부즈맨(Ombudsman) :
현대 사회에서 행정부의 역할이 전문화되고 비대해짐에 따라 행정부의 일방독주를 견제하는 제도로써 시민의 제소에 의한 내용을 조사하고 처리하는 일종의 행정감찰제도라고 볼 수 있다. 특히 입법부에서 임명되는 옴부즈맨은 독립적인 지위와 기능을 수행하는데 법적 권한은 부여하지 않는다. 이 제도는 스웨덴에서 처음 도입되었으며, 우리나라는 국민고충처리위원회가 그런 기능을 수행하고 있다.

♠ 우마드(Womad) :
woman(여자)과 nomade(유목민)의 합성어로써 현대사회의 주체자로서의 여성을 일컫는 말이다. 특히 현대 여성들은 가정의 틀을 벗어나 사회적 활동이나 참여를 왕성하게 수행함으로써 여성의 지위 향상은 물론 권익을 확보하기에 이르렀다. 자유로운 정신을 일컫는 노마드(nomade)란 원래 "정착을 싫어하는 유목민"에서 나온 말이다. 이 표현은 무정부 상태, 틀을 깬 상태, 즉 완전한 자유를 의미한다. 예술의 힘, 시의 힘은 바로 이 노마드의 힘이 아닐까?

♠ 우먼파워(Woman Power) :
최근 미국 대선에서 캐스팅보트를 쥐고 있는 우먼파워가 지각변동을 일으켰다는 말을 종종 들었을 텐데 이를 대변하는 용어로 사커맘, 시큐리티맘, 웨이트리스맘 등이 있다. 최대 미국 대선 변수인 여성 유권자의 표심을 좌우하는 계층이 중산층 기혼여성에서 저소득층 여성으로 옮아가고 있다고 한다. 불과 몇 년 전까지만 해도 미 대선의 키워드는 교육열이 높은 중산층 엄마로 대변되는 '사커맘(soccer mom)'이었다. 사커맘들은 대도시 교외에 살며 방과 후 아이를 데리고 축구 연습을 한다는 말에서 유래했을 만큼 자녀 교육에 열성적이라고 한다. 선거운동 초반에는 안전제일주의 엄마들로 대변되는 '시큐리티(security) 맘'이 강세였는데 이들은 자녀를 둔 30~40대 여성들로 아이들을 테러 위협으로부터 보호하는 것이 최대 관심사이다. 그러나 선거운동이 막바지에 이르면서 새로운 여성 유권자층이 급부상하고 있는데 일명 고달픈 주부들로 대변되는 '웨이트리스(waitress) 맘'은 소득이 높지 않은 직장에서 일하는 저소득 계층의 50세 이하 고졸 학력 소유자들이다. 선거에는 다소 회의적이던 웨이트리스 맘들의 표가 결집하기 시작하면서 선거전 막판 변수로 떠오른 것이다. 의료보험과 세금 등에 민감한 이 주부들이 저변에서 움직이기 시작하면서 민주당 대선 후보의 여성 지지율이 상승세를 탔다고 한다.

♠ 워크홀릭(Workaholic) :
미국의 경제학자인 W. Oates가 그의 저서 〈워크홀릭〉에서 처음 사용한 용어로써 워커홀릭(Work-a-holic)은 work(일)와 alcoholic(알코올중독자)의 합성어이다. 일을 안 하면 마음이 불안하고 외로움을 느끼기 때문에 오로지 일에 의존하는 증상을 일컫는 말인데 1980년 이후 1주일에 60시간 이상의 일을 하는 일 중독자를 지칭하기도 한다.

♠ 워킹 맘(Working Mom) :
현대사회에서 가정에서 엄마의 역할을 강조하는 말로써 "일하는 엄마"를 지칭하는 용어이다. 여성의 고학력화와 사회생활이 보편화되면서 워킹 맘(일하는 엄마)들이 증가하고 있다. 최근 드라마 제목으로도 활용되었다. 유사한 개념의 싱글 맘(single mom)이 요즘 급증하고 있는 추세이다.

♠ 유비쿼터스(Ubiquitous) :
사용자가 네트워크나 컴퓨터를 의식하지 않고 장소에 상관없이 자유롭게 네트워크에 접속할 수 있는 정보통신 환경을 말하는데 그 원뜻은 물이나 공기처럼 시공을 초월해 '언제 어디에나 존재한다'는 뜻의 라틴어로써, 사용자가 컴퓨터나 네트워크를 의식하지 않고 장소에 상관없이 자유롭게 네트워크에 접속할 수 있는 환경을 말한다. 1988년 미국의 사무용 복사기 제조회사인 제록스의 와이저(Mark Weiser)가 '유비쿼터스 컴퓨팅'이라는 용어를 사용하면서 처음으로 등장하였다.

♠ 자유무역협정(FTA) :
한국이 싱가포르와 두번째로 체결한 자유무역협정(FTA; Free Trade Agreement)이란 말 그대로 둘 이상의 국가가 서로의 무역장벽을 허물고 자유로운 상품이나 서비스의 교환, 조달시장 진출을 서로 허용하는 사실상의 시장통합 협정이다. 관세 및 비관세 장벽의 철폐는 협정국 사이에만 인정되고 역외교역에 대해서는 협정국이 독자적인 무역정책을 수행하게 된다. 협정 발효와 동시에 모든 품목을 무관세화하는 것이 원칙이지만 당사국간 협상을 통해 국방 등 특수사정을 이유로 극히 일부 품목의 예외를 인정하기도 한다. 한-칠레 FTA에서는 상호간에 한국산 세탁기, 냉장고와 칠레산 사과, 배가 제외됐다.

♠ 전자상거래(E-commerce) :
전자상거래(Electric Commerce)란 인터넷을 통해 고객에게 물품을 판매하거나 서비스를 제공하는 온라인상의 거래를 의미하는데 주로 거래대금은 신용카드나 전자화폐를 활용한다. 전자상거래의 유형으로는 B2B(기업간 전자상거래), B2C(기업-소비자간 전자상거래), B2G(기업-정부간 전자상거래) 등이 있다. 따라서 최근에는 여성 소호(SOHO, 소규모 자영업자)족들이 가정에서 개인적으로 홈쇼핑을 통한 상품판매 활동을 적극적으로 하고 있는 실정이다.

♠ 줌마렐라(Zummrella) :
여성의 사회진출이 활발해지면서 '줌마렐라'라는 표현도 생겨났다. 줌마렐라는 '아줌마(azumma)'와 '신데렐라(cinderella)'의 합성어로, 신데렐라처럼 아름답고 적극적인 성향을 지닌 30·40대 기혼 여성을 일컫는 말이다. 이와 달리 '체인지(Change)족' 도 등장했는데 실직 등의 이유로 남편이 육아와 가사를 담당하고, 아내가 가정경제를 책임지는 부부를 일컫는 말이다.

♠ 카리스마(Charisma) :
카리스마란 '다른 사람을 매료시키고 영향을 끼치는 능력' 을 말한다. Charisma는 재능이나 신의 축복을 뜻하는 그리스어 'Kharisma' 로부터 유래하였는데 '추종자들이 지도자가 갖추고 있다고 믿는 경외로운 속성이나 마력적인 힘 또는 사람을 강하게 끌어당기는 인격적인 특성' 이 있다. 흔히 정치가나 연예인처럼 대중적이고 사람을 끌어당기는 힘을 가진 사람을 가리켜 '카리스마적' 이다 혹은 '카리스마가 있다' 고 말한다.

♠ 테솔(TESOL) :
TESOL(Teaching English to Speakers of Other Languages)은 영어를 모국어로 하지 않는 사람들에게 영어를 어떻게 지도하는지 가르쳐 주는 영어교육학 프로그램이다. 즉, 영어가 모국어가 아닌 사람이 비영어권 국가에서 영어를 모국어로 가르치도록 자격을 주는 프로그램을 가리킨다. 테플(TEFL, Teaching English as a Foreign Language)은 외국어인 영어를 가르치는 영어교육학 프로그램으로써 영어가 모국어가 아닌 사람이 비영어권 국가에 사는 학생들에게 외국어로서 의 영어를 지도하도록 자격을 주는 프로그램이다.

♠ 통크(TONK)족 :
통크(Two Only, No Kids)족이란 자식들에게 의존하며 살아가는 전통적인 노인의 모습을 거부하고 자신들만의 새로운 인생을 추구하려는 신세대 노인을 일컫는 말이다. 핵가족화 진전과 연금시장 확대 등의 영향으로 전통적인 노인상을 거부하는 통크족이 등장하는 등 노년층이 주요 소비집단으로 급부상할 전망이다.

♠ 포퓰리즘(Populism) :
포퓰리즘은 정치지도자들이 개혁을 내세우긴 하지만 권력을 획득하고 대중의 정치적 지지를 얻기 위해 이것저것 가리지 않고 내세우는 허울 좋은 슬로건에 불과하다. 원칙과 일관성이 없이 '정의' 니 '제3의 길' 이니 하며 화려한 수사를 동원하므로 정치적 편의주의, 기회주의적인 이데올로기라고 할 수 있다. 최근 정치권에서 성범죄자 전자팔찌 부착 법안이나 1인 1주택 소유 제한 법안 등을 입법예고한 적이 있는데 이를 두고 일각에서 포퓰리즘의 한 형태라고 비난하고 있다. 참고로 맹목적이고 불합리한 애국주의를 일컫는 쇼비니즘(chauvinism), 공격적인 외교정책을 만들어 내는 극단적이고 맹목적이며 배타적인 애국주의를 지칭하는 징고이즘(jingoism)도 함께 알아두자.

♠ 프리터(Freeter)족 :
프리 아르바이터(free arbeiter)를 줄인 말로써 필요한 돈이 모일 때까지만 일하고 쉽게 일자리를 떠나는 사람들로, 일본에서 유행하는 정식취업 기피자를 일컫는다. 일본 노동성은 이들을 아르바이트나 시간제로 돈을 버는 15~34세의 노동인구라고 정의한다. 이들은 대부분 자신에게 어떤 직업이 맞는지 정하지 못한 젊은이들이 많으며, 일반 직장에서는 일한 만큼 대우를 못받는다고 생각하는 사람들이 많다. 그러나 이 생활을 오래하게 되면 조직생활에 적응하지 못하고 기술 축적도 안 되기 때문에 평생직장을 구하기가 어려워진다는 것이 문제이다. 다소 차이가 있지만 니트(NEET; Not in Education, Employment)족은 주로 의무교육만 마친 후 진학이나 취직을 하지 않으며 직업훈련도 받지 않는 젊은이를 가리키는 말이다.

♠ 피그말리온(Pygmalion) 효과 :
일명 "로젠탈(Rosenthal) 효과"라고도 하는데 교사가 학생들 개개인을 어떤 관점에서 대하느냐에 따라서 학생들의 학업성취도가 달라진다는 현상을 말한다. 능력이 있는 학생으로 기대하고 대하여 주면 학생의 능력이 향상되고, 이와 달리 능력이 없는 학생으로 취급하면 능력이 저하된다는 이론이다. 가정에서도 마찬가지로 적용할 수 있을 것이다.

♠ 하이브리드카(Hybrid Car) :
하이브리드(hybrid)는 특정한 목표를 달성하기 위해 두 개 이상의 요소가 합친 것을 말하는데 화석연료인 석유의 대체 에너지 효과를 누리기 위한 방편으로 시도된 자동차를 하이브리드카라고 한다. 기존 자동차의 내연기관에 의한 자동차와 연료전지에 의한 전기자동차를 병행하여 구동하는 자동차를 일컫는 신조어이다.

Recommendation

"순악질 여사"로 유명한 코미디언이자 방송인 김미화 추천사

웬 아줌마 영어회화?
영어가 다 영어지 도대체 뭐가 달라서 아줌마 영어회화일까?
첨엔 좀 웃기기도 하고 의아하기도 했는데 전체 내용을 쭉 살펴보니까
접근 방식이나 체제가 기존의 책과 다르면서도 독특하다.
이제껏 영어회화책 몇 권을 사봤지만 막상 아이들하고 집에 있을 때
써먹을 영어표현을 마땅히 찾지 못했던 기억이 있다.
그런데 이 책에는 일어날 때부터 잠잘 때까지 시시콜콜 쓰는 말들을
아줌마들이 골라 쓸 수 있도록 잘 정리되어 있다.
진짜로 일상생활 속에서 아이들과 부대끼며 내가 입에 달고 사는 말들을
영어표현으로 고스란히 옮겨 놓았기 때문에 더 좋다.
MP3 듣고 난 다음 한 마디씩 외워놨다가 애들한테 몇 번 써먹었더니
애들 반응이 장난 아니다. ㅋㅋㅋ 놀랐지? 엄마도 한다하면 한다고!!!
처음에는 그저 놀라기만 하더니 요새는 영어로 맞장구까지 쳐준다.
지네들도 영어 좀 한다 이거지.
요즘은 매일매일 조금씩 영어로 대화시간을 늘려나가는 재미가 쏠쏠하다.
또 특별부록엔 요즘 인터넷에서 쓰는 축약어와 그림문자를 정리해 놨는데
생전 무슨 뜻인지 모르겠던 걸 여기서 한꺼번에 모조리 다 배웠다.
이제 아이들과 이메일 주고받을 때 이해불가란 없다.
세상에서 가장 똑똑하고 위풍당당한 대한민국 아줌마들이여!
이제 영어로 맞장 뜹시다.

음메~ 기 살어!